本书获教育部人文社会科学研究青年基金项目“人工智能对收入分配格局的冲击影响研究：效应、机理与中国证据”（20YJC790170）资金支持。

人工智能对中国劳动力市场的影响研究

袁飞兰 著

·北京·

内容提要

本书的内容分为两大部分。第一部分主要从理论机制和文献梳理两个角度阐释人工智能的发展对劳动力市场的影响效应，全面涵盖人工智能的发展对劳动力市场各个层面的影响，包括劳动力再配置、就业总量、就业结构、劳动收入份额、工资水平、工资结构等；第二部分针对部分研究主题通过构建理论模型或者实证研究进行分析探讨，包括人工智能的发展对经济增长的影响、人工智能的发展对劳动力再配置和工资差距的影响、人工智能的发展对就业结构的影响，以及人工智能的发展对工资水平与结构的影响。

本书可以作为经济学、管理学等社会科学领域科研人员及高等院校学生的参考用书，尤其适用于以人工智能经济效应或劳动经济学为研究方向的科研人员，也适用于对人工智能如何影响劳动力市场感兴趣的广大读者。

图书在版编目（CIP）数据

人工智能对中国劳动力市场的影响研究 / 袁飞兰著 . 北京 : 中国水利水电出版社，2025.7 -- ISBN 978-7-5226-3477-7

Ⅰ. F249.212-39

中国国家版本馆 CIP 数据核字第 2025ZK5850 号

书　　名	人工智能对中国劳动力市场的影响研究 RENGONG ZHINENG DUI ZHONGGUO LAODONGLI SHICHANG DE YINGXIANG YANJIU
作　　者	袁飞兰　著
出版发行	中国水利水电出版社 （北京市海淀区玉渊潭南路 1 号 D 座　100038） 网址：www.waterpub.com.cn E-mail：zhiboshangshu@163.com 电话：（010）62572966-2205/2266/2201（营销中心）
经　　售	北京科水图书销售有限公司 电话：（010）68545874、63202643 全国各地新华书店和相关出版物销售网点
排　　版	北京智博尚书文化传媒有限公司
印　　刷	三河市龙大印装有限公司
规　　格	170mm × 240mm　16 开本　10 印张　223 千字
版　　次	2025 年 7 月第 1 版　2025 年 7 月第 1 次印刷
定　　价	69.00 元

前　言

随着科技的飞速发展，人工智能（AI）技术已成为驱动全球经济变革的重要力量。中国作为全球第二大经济体和人工智能技术应用的前沿阵地，正经历着前所未有的经济结构调整和产业转型。在这一背景下，人工智能对中国劳动力市场的影响日益显著，引起了学术界、政府、企业及社会各界的广泛关注。本书旨在深入探讨这一复杂而重要的议题，为理解、应对和引领未来劳动力市场变革提供理论支持和实践指导。

一、研究背景与意义

人工智能，作为计算机科学的一个分支，通过模拟、延伸和扩展人的智能，已经渗透到生产生活的各个方面，从智能制造、智慧医疗，到金融服务、教育娱乐，无所不在，其广泛应用不仅改变了传统行业的运作模式，更对劳动力市场产生了深远的影响。一方面，人工智能通过替代部分重复性、低技能的工作岗位，提高了生产效率，降低了人力成本；另一方面，它也催生了大量新兴职业，如数据分析师、AI 工程师、机器学习专家等，为劳动力市场带来了新的机遇。

然而，人工智能技术的双重影响也带来了诸多挑战，如何平衡技术进步与就业之间的关系、如何保障被技术替代的劳动者的权益及如何促进劳动力市场的转型升级等成为亟待解决的问题。因此，深入研究人工智能对中国劳动力市场的影响，对于制定科学合理的就业政策、推动经济可持续发展具有重要意义。

二、研究现状与不足

近年来，国内外学者围绕人工智能对劳动力市场的影响展开了大量研究，取得了显著的成效。这些研究从多个角度分析了人工智能对就业总量、就业结构、劳动力收入等方面的影响，并提出了相应的政策建议。然而，现有研究仍存在一些不足之处。首先，关于人工智能对就业的替代模式，以往研究基本假设人工智能主要替代了中等技能劳动力，但随着人工智能的快速发展，低技能、高技能劳动力也开始被大量替代；其次，对于人工智能引起的劳动力在不同行业、不同地区间的重新配置，目前的关注度还不够；再次，对于人工智能对劳动力市场的一些影响效应，如就业结构、工资水平、收入不平等问题的研究尚不深入；最后，人工智能在直接提高社会生产力的同时，也可能通过降低劳动收入份额对经济增长产生负向效应，但目前尚缺乏对此问题的探讨。

三、研究内容与框架

本书在充分吸收大量研究成果的基础上，力求全面系统地探讨人工智能对中国劳动力市场的影响。全书共分为 8 章，主要内容包括：

人工智能技术的发展现状与趋势：介绍人工智能技术的最新进展及其在各个领域的应用情况，为后续分析奠定基础。

人工智能对劳动力市场的双重效应：分析人工智能对劳动力市场的替代效应和创造效应，探讨其对就业、工资收入的影响机制。

人工智能对就业的影响：研究人工智能对就业流动、就业结构及就业规模的影响。

人工智能对劳动力收入的影响：研究人工智能如何改变劳动力市场的收入分配格局，特别是对低技能劳动者、中等技能劳动者和高技能劳动者的不同影响。

应对人工智能带来的劳动力市场变革的策略：针对人工智能对劳动力市场的影响，提出包括完善社会保障体系、加强职业教育与培训、促进产业转型升级等在内的政策建议。

四、研究目的与期望

本书旨在通过系统且深入的研究，揭示人工智能对中国劳动力市场的复杂影响机制，为政府、企业和社会各界提供科学决策的依据。我们期望本书的研究成果能够引起更多学者和决策者的关注，共同推动人工智能与劳动力市场的和谐发展，实现技术进步与社会进步的良性互动。

本书获教育部人文社会科学研究青年基金项目“人工智能对收入分配格局的冲击影响研究：效应、机理与中国证据”（20YJC790170）资金支持。在本书的写作过程中，武汉大学经济与管理学院邹薇教授提供了悉心的指导并给出了宝贵的建议，在此表示诚挚的感谢。另外感谢湖北工业大学对本书出版的大力支持。

因时间仓促及作者水平所限，书中难免有不足之处，恳请广大读者批评指正。

作　者

2025 年 6 月

目　　录

第一章　人工智能发展概况

第一节　人工智能的发展现状及趋势

当前人工智能在全球范围内发展得如火如荼，以大数据、机器人和3D打印为代表的人工智能技术已经渗透到生产和生活的各个领域。人工智能的研究源于20世纪四五十年代，近30多年来迎来发展的新高潮。2016年，机器人AlphaGo以4：1战胜世界围棋冠军李世石，使“人工智能”开始进入普通大众的视野。2017年，支撑人工智能的算法、芯片等加速进步，无人驾驶、语音识别、图像识别和机器人等多个领域的应用全面爆发，被《华尔街日报》《福布斯》等称为“人工智能商业化应用元年”（蔡跃洲、陈楠，2019[1]）。据国际数据公司（International Data Corporation，IDC）统计，2019年全球人工智能市场规模达到375亿美元。2020年9月24日，德勤发布《全球人工智能发展白皮书》，报告预计，到2025年世界人工智能市场规模将超过6万亿美元，2017—2025年复合增长率达30%。2023年，全球人工智能产业规模达7078亿美元，同比增长19.3%。全球AI产业的强劲发展势头，成为各产业与经济增长的重要推动力。近年来，人工智能的新技术更是不断突破、新业态持续涌现、新应用加快拓展，已成为新一轮科技革命和产业变革的重要驱动力量。尤其是，ChatGPT的出现标志着强人工智能的来临，是里程碑式的技术进步，将引发新一轮人工智能热潮。

人工智能在中国的发展也得到了中国政府的高度重视，各政府部门相继出台了一系列政策措施，为人工智能技术的发展提供了有力保障。2015年，我国明确指出，智能制造已成为我国现代先进制造业新的发展方向。2017年7月8日，国务院发布《新一代人工智能发展规划》，提出到2030年，人工智能产业竞争力要达到世界领先水平。2024年以来，人工智能发展更是受到党和政府各部门的格外关注与重视。党的二十大报告指出，推动战略性新兴产业融合集群发展，构建人工智能等一批新的增长引擎。2024年1月，工业和信息化部等七部门发布《关于推动未来产业创新发展的实施意见》，明确利用人工智能、先进计算等技术精准识别和培育高潜能未来产业，支撑推进新型工业化。2024 年 3 月，教育部正式启动"人工智能赋能行动"，推出了 4 项具体行动，旨在用人工智能推动教与学融合应用，提高全民数字教育素养与技能，开发教育专用人工智能大模型，同时规范人工智能使用科学伦理，多方面助推人工智能赋能教育。2024 年 7 月，工业和信息化部、中央网信办、国家发展改革委、国家标准委等四部门联合印发《国家人工智能产业综合标准化体系建设指南（2024 版）》，提出到 2026 年，我国人工智能产业标准与产业科技创新的联动水平持续提升，新制定国家标准和行业标准 50 项以上，引领人工智能产业高质量发展的标准体系加快形成。

在人工智能的全球发展态势影响及中国政府各部门的重视下，人工智能在中国的发展更是格外瞩目，呈现出快速进步和广泛应用的特点。2013 年，中国已成为全球第一大工业机器人应用市场，2014 年销量达 5.7 万台，同比增长 56%，占全球销量的 1/4。2017 年，中国引入 13.79 万台工业机器人，占全球份额的 36%。值得注意的是，机器人在中国普及应用的拐点出现于 2013 年前后（程虹等，2018[2]），恰逢中国人口红利开始衰减和劳动成本快速上升的时间节点，从而促使企业开始广泛普及机器人应用。尤其近些年来，中国东南沿海地区"机器换人"已蔚然成风，致力于通过技术红利替代人口红利，以实现产业转型升级和高质量发展。中国在人工智能技术方面已经取得了显著成就，特别是在图像识别、语音识别等领域达到了国际领先水平。中国人工智能产业的发展也十分迅速。据《中国新一代人工智能科技产业发展报告 2024》显示，中国人工智能企业数量已经超过 4000 家，人工智能已成为新一轮科技革命和产业变革的重要驱动力量和战略性技术。此外，中国人工智能产业的发展还体现在大模型的迅速崛起和繁荣上。根据中国信通院发布的数据，中国人工智能产业规模从 2019 年开始快速增长，2021 年同比增长达到 33.3%，2022 年产业规模达到 5080 亿元，同比增长 18%。2024 世界智能产业博览会发布的《中国新一代人工智能科技产业发展报告 2024》显示，2023 年我国人工智能核心产业规模达 5784 亿元，增速 13.9%。我国生成式人工智能的企业采用率已达 15%，市场规模约为 14.4 万亿元。可见，中国在人工智能领域的技术研发和应用方面均取得了显著进展，不仅在技术上达到了国际先进水平，而且在产业发展上也形成了较为完善的生态体系，展现出中国人工智能发展的强大潜力和广阔前景。人工智能的发展现状表明其市场规模迅速扩大，技术合作紧密，应用领域广泛。

人工智能已经经历了多个发展阶段：

（1）孕育期（1956 年以前）：人工智能的概念在 20 世纪 50 年代之前已经开

始萌芽，主要研究机器模拟和语言翻译等问题。

（2）起步发展期（1956年至20世纪60年代初）：人工智能概念提出之后，取得了机器定理证明、跳棋程序等研究成果，掀起第一次发展高潮。

（3）反思发展期（20世纪60年代至20世纪70年代初）：由于预期目标未能实现，人工智能的发展进入低谷。

（4）应用发展期（20世纪70年代初至20世纪80年代中）：专家系统在医疗、化学、地质等领域取得成功，推动人工智能走向实际应用。

（5）低迷发展期（20世纪80年代中至20世纪90年代中）：专家系统存在的问题逐渐暴露出来，人工智能应用遇到瓶颈。

（6）稳步发展期（20世纪90年代中至2010年）：网络技术的发展促进了人工智能的创新研究，技术进一步实用化。

（7）蓬勃发展期（2011年至今）：大数据、云计算等技术的发展推动了人工智能技术的飞速进步，实现了从“不能用、不好用”到“可以用”的技术转变。

人工智能目前处于第7个发展阶段，即“蓬勃发展期”，未来的发展仍将依赖于大数据、云计算等技术，并在这些技术的基础上进一步拓展，具体发展趋势将集中在生成式AI、多模态技术、大模型和机器学习及可信AI等方面。人工智能技术已经在医疗、制造、自动驾驶等多个领域得到广泛应用，预计未来在这些领域的应用将更加广泛和深入。生成式AI正在超越简单的聊天机器人和恶搞视频制作，能够撰写复杂的叙事文章、编排交响乐，甚至与人合作创作畅销书。随着多模态技术的不断发展，AI模型将迎接更加复杂多样化的交互场景，能够综合处理文本、声音、旋律和视觉信号等输入信息，未来将在智能家居、智慧城市、医疗诊断、自动驾驶等领域创造全新的应用场景和解决方案。总之，随着技术的进一步发展，人工智能将在更多领域展现其潜力，推动社会的发展和变革。

第二节　人工智能的本质与特征

“人工智能”一词最初是在1956年的Dartmouth学会上提出的。它是计算机科学、控制论、信息论、神经生理学、心理学、语言学等多学科互相渗透而发展起来的一门综合性学科。从计算机应用系统的角度出发，人工智能是研究如何制造智能机器或智能系统来模拟人类智能活动，以延伸人类智慧的科学。

人工智能先驱、美国斯坦福大学的尼尔逊教授对人工智能的定义为：“人工智能是关于知识的学科——怎样表示知识以及怎样获得知识并使用知识的科学。”美国麻省理工学院的温斯顿教授认为：“人工智能就是研究如何使计算机去做过去只有人才能做的智能工作。”这些定义反映了人工智能学科的基本思想和基本内容，即人工智能是研究人类智能活动的规律，构造具有一定智能的人工系统，研究如何让计算机去完成以往需要人类智力才能胜任的工作，即研究如何应用计算机的软硬件来模拟人类某些智能行为的基本理论、方法和技术。因此，人工智能就其本质而言，是对人的思维信息过程的模拟，从而使机器能够完成原本由人工执行的任务。

人工智能的特征主要体现在以下方面。

（1）自主学习和适应能力。人工智能系统可以根据不断增加的数据进行自主分析和学习，进而调整自身的算法模型，使其具备更强的适应能力。

（2）高效的数据处理能力。人工智能系统可以处理大量数据，快速、准确地进行信息抽取、分类、挖掘和分析，从而帮助用户作出各种决策。

（3）决策能力和自主规划能力。人工智能系统可以基于先前获得的知识和信息，自主进行推理和决策，提供更高效的解决方案。

（4）人机交互与自然语言处理能力。人工智能系统可以通过人机交互方式（如语音识别、视觉交互等）来更好地与人类沟通和交互。

（5）多领域的应用能力。人工智能技术被广泛应用于医疗、金融、游戏、物流、教育、智能家居等领域。可见，人工智能已开始逐渐具备人类的全方位能力（如语言交流、学习、分析、规划等），并且将会在更多社会经济领域内逐步替代人类从事的多项工作。

人工智能等自动化技术有利于生产率提高和经济增长。作为人脑的延伸，人工智能在提高生产率方面具有很大潜力。但另一方面，人工智能的发展可能会对劳动力市场形成较强的冲击。在人工智能出现之前，传统的自动化技术已经实现了对生产工人的大规模替代（如流水线作业）。因此，人工智能的发展意味着自动化技术进入了一个更高级的阶段。人工智能的进步是长期自动化过程中的最新浪潮（Gordon，2016[3]）。近 30 年来，人工智能的迅速发展使机器能够完成的任务范围大幅扩大，相对于传统自动化技术，这一进步引发了人们对新技术可能导致大规模失业的担忧。此外，人工智能还会通过影响就业进一步对收入分配各方面产生效应。人工智能的扩散所带来的主要经济挑战是收入分配（Korinek & Stiglitz，2018[4]）。Brynjolfsson & McAfee（2011）[5] 声称，技术进步（被理解为自动化）使人们更具创新性、生产力和更富有，但代价是增加失业率和社会（财富）不平等。人工智能是在与生产要素——劳动进行直接竞争，因此，其广泛采用可能会降低就业率与实际工资水平。工人们发现与机器的竞争越来越困难，他们的报酬将经历相对甚至绝对的下降（Martinez，2018[6]）。同时，人工智能产生的收入被输送给了资本所有者，将导致初次分配中劳动份额的下降。人工智能引发的“机器换人”新浪潮及其相关担忧引起了学者们的广泛关注和重点探讨，使得关于人工智能等自动化技术给劳动力市场带来的影响效应研究，成为劳动经济学领域新的研究热点及研究前沿。

第二章　中国劳动力市场的变化特征

第一节　中国就业总量与就业结构变化

人工智能蓬勃发展的同时，中国劳动力市场也经历着一系列明显的变化，包括就业总量与就业结构、工资水平与工资结构等方面的显著变化。近些年来，中国劳动力市场的就业变化主要体现在以下几个方面。

1. 就业总量呈现不断下降趋势

根据国家统计局数据，自 2015 年起，中国总就业人员数增长率持续为负数，并且就业人员数下降幅度呈现逐年增大趋势。如图 2-1 所示，2015—2022 年就业总量增长率分别为 –0.04%、–0.10%、–0.25%、–0.36%、–0.44%、–0.51%、–0.55%、–1.74%。这表明，2015 年以来，中国就业总量出现了加速度下降的现象。

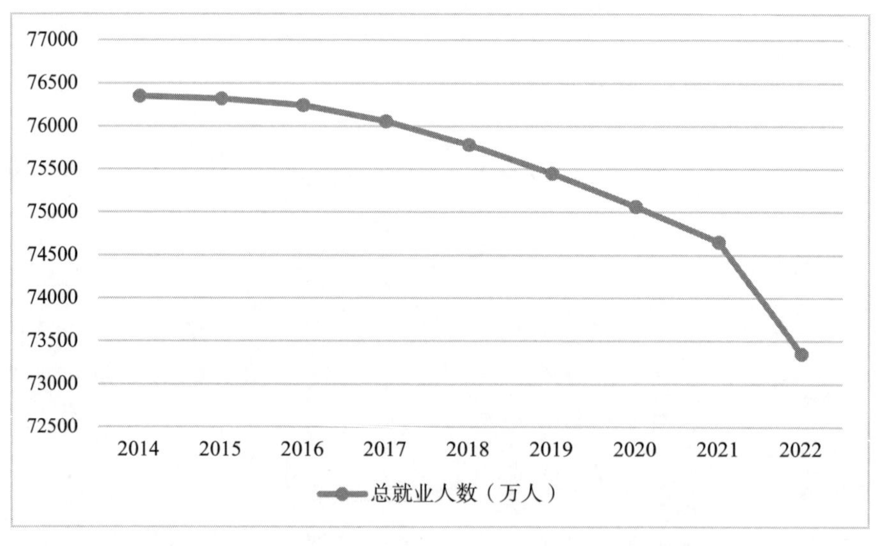

图 2-1　2014—2022 年中国总就业人数

数据来源：《中国统计年鉴》。

2. 就业结构发生显著变化

如图 2–2 所示，第二产业就业人数从 2013 年开始呈现逐年下降的趋势，除了 2020 年和 2021 年有所增长（可能是由于这两年物资需求变化不大，但人均工作时长大幅度下降）。与此同时，2015—2021 年，在总就业人数增长率为负的情况下，第三产业就业人数仍呈现持续增长态势，至于 2022 年第三产业就业人数有所下降可能是由于当年社会对服务业的整体需求大幅度下降。

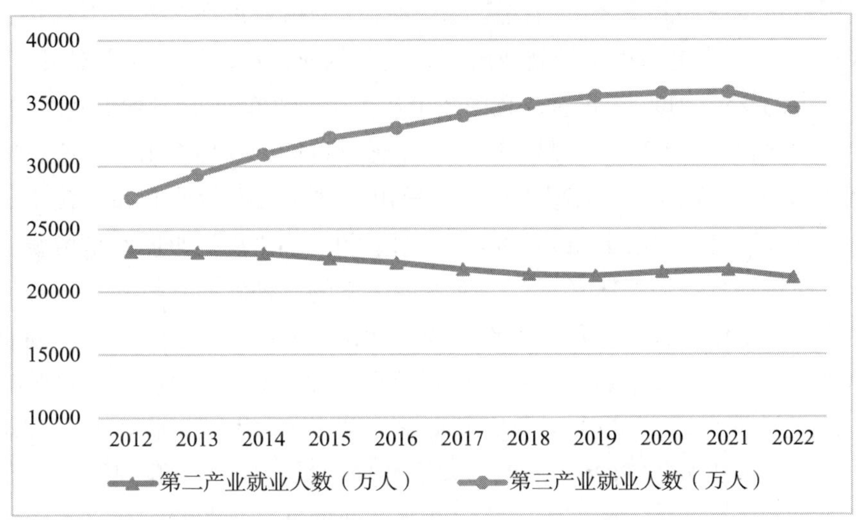

图 2–2　2012—2022 年第二、第三产业就业人数

数据来源:《中国统计年鉴》。

在第二产业中，尤其是制造业出现了“大幅减员”现象。由 21 世纪经济研究院发布的“中国‘十三五’就业图谱”指出，制造业从业人口“十三五”期间出现了显著的“减员”现象，制造业就业总人数从 2015 年的 7839 万人下降到 2019 年的 6602.3 万人，合计降幅达到 15.8%。制造业就业总人数大幅下降的趋势也被国家统计局发布的数据所证实。据第四次全国经济普查公报,2018 年年末，制造业法人单位从业人员数为 10471.3 万人，占全部从业人员（不含农业）的 27.32%，比 2013 年年底净减少了 2043.8 万人，降幅达到 7.83%。根据国家统计局数据，2018 年年底，城镇非私营单位制造业就业人数为 4178 万人，而到 2022 年年底已下降至 3738 万人，降幅达到 10.5%。

在第三产业中，生活服务业的就业需求开始大幅度上升。尤其是，批发和零售业、生活服务业等低收入服务业开始大幅度吸纳更多的就业人员。整个“十三五”期间，批发和零售业的私营、个体就业人数增长了 36.47%（21 世纪经济研究院，2021）。由 58 同城招聘研究院联合中国连锁经营协会发布的《2020 年中国生活服务业就业指数报告》显示，生活服务业发展规模不断扩大，到2021年一季度就业指数达到4.57，为近五年来最大，招工缺口日益增大。《中国生活服务业就业指数报告（2022）》继续显示，生活服务业就业景气度不断攀升，2021年就业指数呈上升趋势，2021年二季度就业指数达到9.4，为近三年来最大，招工缺口明显。整体就业景气度增高，生活服务业招聘需求旺盛。

3. 新就业形态劳动者人数快速增长

我国数字经济和共享经济的快速发展催生了新就业形态。党的十八届五中全会公报提出："实施更加积极的就业政策，完善创业扶持政策，加大对灵活就业、新就业形态的支持力度。"此后，我国政策层面给予新就业形态越来越多的关注。党的二十大报告、"十四五"规划和2035年远景目标纲要均提出"支持和规范发展新就业形态"，党的二十大报告进一步提出要"加强灵活就业和新就业形态劳动者权益保障"。国家发展和改革委员会规划司指出："新就业形态是指新一轮信息技术革命特别是数字经济和平台经济发展带来的一种就业新模式，体现为劳动关系灵活化、工作内容多样化、工作方式弹性化、工作安排去组织化、创业机会互联网化，正在成为吸纳就业的一条重要渠道。"2023年"中国社会状况综合调查"（CSS）数据显示，在6114个从事非农工作的样本中，新就业形态劳动者样本为720个，占比为11.78%。根据国家统计局数据，2022年我国第二产业和第三产业就业人员总计55688万人，若以此为基数推算，当前我国狭义上的新就业形态劳动者规模在6500万人左右。

4. 教育与工作的匹配正在发生变化

服务业中低技术行业开始出现更多的中、高学历求职者。《2020年中国生活服务业就业指数报告》指出，高学历快递员求职者比例上升，本科及以上人群占比达到21.77%；服务员求职者中，高中及以下学历求职者占比相较2017年下降4.15%，高学历求职者占比有所提升；店员/营业员大专及以上比重较2017年提升3.64个百分点；美容师大专及以上学历求职者比重较2017年增长3.37个百分点。由互联网家政平台"阿姨来了"发布的《2022年家政阿姨年鉴》显示，2022年新入职的家政阿姨，虽然初中及以下学历的过半，占比最大，但是高学历阿姨的占比有了明显提升；数据还显示，中专及高中学历占比31.7%，大专及以上学历占比7.4%，其中本科及以上占比达3.9%，创历史新高。《2023年家政阿姨年鉴》继续显示，2023年在岗阿姨中，大专及以上学历占比与三年前相比增长了1.8%，虽然比例较小，但是绝对数也达到了两千人次，甚至还出现了硕士学位的阿姨。

第二节　中国劳动力工资水平及分布变化

近些年，中国劳动力市场除了在就业方面出现了一些新的变迁趋势外，劳动力的工资水平也产生了一定的变化，主要体现在以下几个方面。

1. 中国整体工资增长率正呈现不断下滑的趋势

国家统计局数据显示，近十多年来，中国城镇私营单位、非私营单位平均工资实际增长率持续下降。如图 2-3 所示，中国城镇非私营单位平均工资实际增长率由 2006 年的 12.4% 逐渐下降至 2022 年的 6.7%；中国城镇私营单位平均工资实际增长率更是由 2010 年的 14.1% 最终下降至 2022 年的 3.7%。

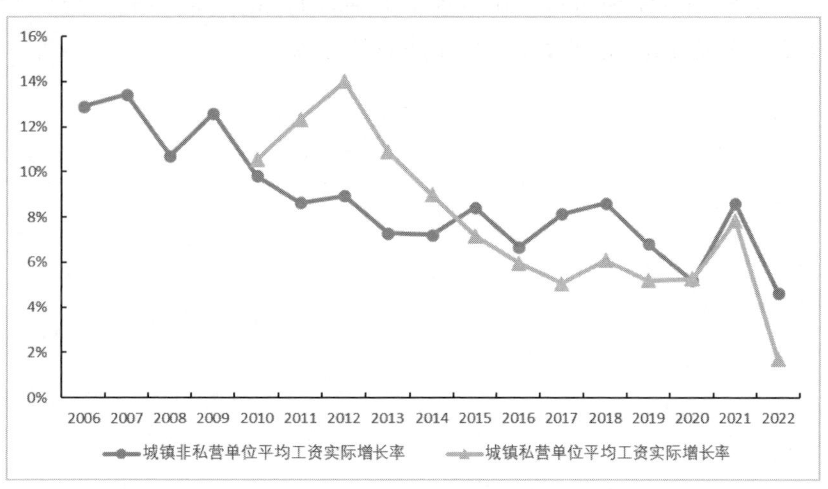

图 2-3　2006—2022 年中国城镇单位工资增长率

数据来源:《中国统计年鉴》。

2. 工资分布发生了一定变化

首先，中国劳动力市场开始出现工资极化现象，即中等工资职业的工资增速明显低于低工资职业和高工资职业的工资增速（郝楠，2017[7]；刘廷宇等，2021[8]；Wang et al.，2021[9]；唐永和蒋永穆，2022[10]；刘廷宇和张世伟，2022[11]；陈岑等，2023[12]）。其次，服务业中低技术行业出现一批收入可观的新职业。《2020 年生活服务业新业态和新职业从业者报告》指出，从收入分布看，生活服务业新职业从业者的收入具有一定的市场竞争力，56.9% 的从业者月收入高于 6000 元，36.1% 的从业者月收入高于 9000 元，21.2% 的从业者月收入超过 12000 元，其中，月收入高于 25000 元的从业者的占比达到 5.6%。

中国劳动力市场发生快速变迁的原因是多方面的，其中包括经济发展的客观规律、劳动力供给结构的变化、收入水平提高带来的消费升级等，此外还包括人工智能的快速发展与应用。由于人工智能的重要推动作用，劳动力市场的快速变迁并不是近些年来中国才有的独特现象。从世界范围看，以就业结构性变化为特征的劳动力市场变迁是最近几十年来具有普遍性的情况（都阳等，2017[13]）。

人工智能仍将是未来科技发展的主流方向之一，随着时间的推移，未来人工智能的发展水平将会不断再上新高，其应用也会越来越广泛。通过对人工智能的就业效应、收入分配效应的深入性研究，既有助于从人工智能的角度理解中国劳动力市场所发生的新变化，也有利于对未来的就业和收入分配格局变动形成一个基本预期，从而更好地促进就业与收入分配政策的改进；同时，通过收入再分配政策或系统的实施，实现对自动化过程中失利者的补偿，将有利于减少人工智能发展的阻力，从而更好地促进人工智能产业的发展。

第三章　人工智能影响就业与工资的作用机制

第一节　基于工作任务的研究框架

国内外学者在探讨人工智能发展对劳动力市场影响效应时，主要是基于工作任务的研究框架来进行理论分析与实证研究的。

Acemoglu & Restrepo（2018）[14] 认为大多数行业的生产都需要同时完成一系列任务。例如，纺织品生产需要纤维的生产、纤维纱线的生产（例如，通过纺纱）、纱线相关织物的生产（例如，通过编织或针织）、预处理（例如，织物的清洁、洗涤、丝光和漂白）、染色和印刷、织物的染色和印花，以及各种辅助任务，包括设计、规划、营销、运输和零售。这些任务均可由人力和机器共同完成。在英国工业革命的初期，这些任务中的大部分都属于劳动密集型。那个时代早期的许多创新旨在实现纺纱和织布的自动化，用机械化工艺取代熟练工匠的手工劳动。20 世纪 80 年代末，工业机器人的出现使制造业剩下的许多劳动密集型任务自动化，包括机械加工、焊接、喷漆、码垛、装配、材料搬运和质量控制。关于工作任务自动化的例子并不局限于工业和农业。计算机软件已经自动化了零售业、批发业和商业服务业的工作人员负责的一些工作。软件和人工智能技术现已广泛用于信息检索、物流协调、库存管理、税收准备、金融服务、复杂文档翻译、业务报告撰写、法律简报准备及疾病诊断等领域。

Autor et al.（2003）[15] 开创性地区分了常规任务和非常规任务。虽然计算机取代了认知和手工的日常任务是显而易见的，但非常规任务涉及从法律写作、医疗诊断和卡车驾驶到劝说和销售等。在本研究中，我们预测法律写作和卡车驾驶可能较快实现自动化，而劝说等涉及高度人际交往技能的任务则较难自动化。Autor et al.（2003）[15] 一方面区分了认知任务和操作型任务，另一方面区分了常规任务和非常规任务。他们认为，虽然计算机对常规的认知和操作型任务的替代是显而易见的，但涉及非常规任务（从法律写作、医疗诊断和卡车驾驶到劝说和销售等方方面面）时则难以计算机化。因此，计算机技术降低了对常规手工或文书技能工作的需求（并且在工资分配的中间），增加了对非常规认知和人际交往技能工作的需求（并且在工资分配的顶端）。

常规任务的特征是可以通过遵循明确的规则来完成，由机器按照明确的编程指令来执行。非常规任务的特征是需要解决问题或复杂的交流活动，其完成这些任务的过程还没有被很好地理解。非常规任务的规则没有被充分地理解，无法用计算机代码指定机器执行的任务，无法用一组可编程规则来描述。非常规认知任务是指要求灵活性、创造性、普遍问题解决和复杂沟通的任务。

Autor et al.（2006）[16] 在 Autor et al.（2003）[15] 的基础上，进一步将任务分成三种类型：常规认知和操作型任务，如簿记、文书工作和重复性生产任务；非常规操作型任务，如卡车司机、服务员和保安执行的任务；高技能的抽象任务（解决问题、管理和协调）。他们认为，计算机有力地补充了高工资的非常规（抽象）认知任务，直接替代了许多中等工资的常规任务，而对低工资的非常规任务几乎没有直接影响。此外，Feng & Graetz（2015）[17] 从工程复杂度和训练要求两个维度来区分任务类型。工程复杂度和训练要求并非单调相关。例如，有些任务从工程学角度来看很复杂，但可以由工人依赖先天能力来完成，因此不需要培训，如服务员、出租车司机或管家等在视觉、运动和交流方面使用非常密集的低工资职业。另外，像簿记这类的任务需要算术知识，这需要工人花费数年的时间来学习，但从工程的角度来看，却是很简单的。当两个任务的复杂度相同时，企业会自动化需要更多培训从而导致劳动成本更高的那个任务。

在关于人工智能对劳动力市场影响的后续研究中，学者们主要遵循 Autor et al.（2006）[16] 的分类方法，将任务分成三类：①非常规操作型任务；②常规任务；③非常规认知任务（Wang，2020[18]；Cortes，2016[19]；Goos et al.，2014[20]；Acemoglu & Autor，2011[21]；Autor et al.，2008[22]；Kambourov & Manovskii，2008[23]）。并且，人工智能等自动技术化被普遍认为主要取代了常规任务（Autor et al.，2003[15]；Autor et al.，2006[16]；Goos & Manning，2007[24]；Michaels et al.，2014[25]；Gregory et al.，2016[26]；Jaimovich et al.，2020[27]）。Frey & Osborne（2013）[28] 指出，计算机化对劳动力市场的影响结果已在文献中得到充分证实，记录了常规密集型职业就业率的下降，即主要由遵循定义明确的程序、可通过复杂算法轻松执行的任务组成的职业。部分学者认为人工智能也取代了非常规操作型任务（Acemoglu & Restrepo，2017[29]；Balsmeier & Woerter，2019[30]），或人工智能对非常规认知任务具有互补性（Autor et al.，2006[16]；Feng & Graetz，2015[17]；

Prettner & Strulik，2017[31]）。

因此，学者们主要基于工作任务的研究框架构建理论模型来探讨人工智能对劳动力市场的影响效应（Martinez，2018[6]；Acemoglu & Restrepo，2018[14]；Hemous & Olsen，2016[32]；Susskind，2017[33]）。生产意味着完成一系列可以由劳动或资本执行的任务（Martinez，2018[6]）。每单位最终产品的生产需要完成某个区间内一系列连续性的任务 $[0\ ;\ q]$，这些任务可以由机器或人工执行。劳动力可以执行区间内的所有任务，机器能够执行的任务范围为 $[0\ ;\ \tilde{a}]$，其中，$\tilde{a}<q$。因此，为了生产一单位最终产品，在使用一台类型为 $\tilde{a}$ 的机器后，人工必须完成剩下的任务 $[\tilde{a}\ ;\ q]$。$a=\tilde{a}/q$ 被定义为自动化程度，表示机器完成的任务在所有任务中的占比。自动化程度的提高意味着部分工人被机器取代，人工完成的任务在所有任务中占比下降。

此外，Autor et al.（2006）[16] 指出，常规任务主要由“中等技能”劳动力承担；非常规操作型任务主要由“低技能”劳动力承担；非常规认知任务则主要由“高技能”劳动力承担。这一关于任务类型和不同技能劳动力对应关系的论断也普遍为学者们所接受。

第二节　替代效应

人工智能对劳动力市场的冲击主要源于人工智能对就业的替代效应。人工智能对就业的直接替代将会减少劳动力需求，进而对就业与工资产生一系列的效应。

首先，人工智能的广泛应用在带来生产效率提升的同时，其所引发的“机器换人”新浪潮无疑会对就业形成重大冲击，传统岗位逐渐被人工智能取代，劳动力需求不断下降，甚至可能导致大规模失业。在收入分配方面，人工智能替代人工所引发的劳动力需求下降将会改变劳动力市场上的供求关系，从而拉低工资水平；并且，由于人工智能所取得的收入主要被输送给了资本，还会导致劳动收入份额的下降；进一步地，由于相对于资本收入，劳动收入的分布更为均匀，因此，劳动收入份额的下降可能会导致收入不平等程度的扩大。无论人工智能的长期影响是什么，很明显，它有可能在很大程度上扰乱劳动力市场，即使是在短期和中期，也会影响到许多职业和技能层面的工人（Korinek & Stiglitz，2018[4]）。尽管有一些人认为人工智能的进步仅仅是这一漫长自动化过程中的最新浪潮（Gordon，2016[3]）。他们认为，自工业革命以来，技术变革一直是“现代经济增长”的一个基本要素，而颠覆性的创新总是受到莫凯尔等人所称之为的“技术焦虑”（Schlogl

& Sumner，2018[34]）。持这种乐观传统的学者倾向于强调历史证明了市场经济体对创新和变革的适应能力，而很少强调这一过程中任何暂时或永久的“失败者”（Schlogl & Sumner，2018[34]）。他们声称，由于过去的技术突破最终增加了对劳动力和工资的需求，因此没有理由担心这次会有任何不同（Acemoglu & Restrepo，2018[14]）。但另一部分人则强调人工智能与过去自动化技术有很大的不同：随着人工智能逐渐接近人类的一般智能水平，许多工作在各个领域都面临被人工智能取代的风险（Korinek & Stiglitz，2018[4]）。他们认为，人工智能革命带来的技术比工业革命早期的技术更强大、更通用。这些技术不仅取代了人类的肌肉劳动，还将取代部分脑力劳动，使得人类与机器之间的关系更多是替代性的，而非互补性的（Schlogl & Sumner，2018[34]）。随着机器能完成的任务范围大幅扩大，公众越来越担心技术进步带来的负面影响（Hemous & Olsen，2016[32]）。因此，人工智能的进步不仅是发展的延续，而且是技术进步的顶峰——它可能会带来与以往创新浪潮不同的影响，甚至可能成为“我们的最终发明”。最近的调查发现，人们对自动化和其他技术趋势的焦虑程度很高，凸显出人们对其影响的普遍担忧（皮尤研究中心，2017 年）。

其次，人工智能通过对异质性劳动力的差异性影响，会对就业结构与工资结构产生重要影响。在就业方面，人工智能对不同类型工作任务的替代性具有显著差异，而这些工作任务主要由不同技能的劳动力承担，因此，人工智能的发展会引发就业技能结构的变化。此外，由于不同类型工作任务在不同行业、不同产业、不同地区的占比是不平衡的，因此，人工智能的发展还会导致就业的行业结构、产业结构、地区结构发生变化，并且在这个过程中会引发劳动力在不同行业、不同产业、不同地区间的流动。在工资收入方面，人工智能对由不同技能工人承担的不同类型工作任务的替代性具有显著差异，这会引起不同技能工人相对工资水平的变化，如技能溢价的变化，或者可能导致工资极化。

第三节　补偿性效应

人工智能在直接替代劳动力从而减少劳动力需求的同时，也会对劳动力需求产生一些补偿性效应，这些补偿性效应主要包括生产率效应、资本积累效应、自动化深化效应等。

（1）生产率效应：人工智能等自动化技术导致资本替代劳动力，因为资本执行某些任务的成本比劳动力要低。这将降低生产过程自动化的商品和服务的价格，使家庭实际上更富有，经济规模扩大，从而增加对所有商品和服务的需求，进而增加非自动化任务中对劳动力的需求。生产力效应可能表现为自动化行业的劳动力需求增加，也可能表现为非自动化行业的劳动力需求增加。生产率效应可以通过两种互补的方式表现出来。首先，劳动力需求可能在正在进行自动化的同一部门扩大。例如，自动取款机降低了银行业的成本，促使银行开设更多的分行，从而增加了对银行出纳员的需求。这些出纳员随后专门从事自动取款机无法完成的一系列任务。生产率的提升也会带来更高的实际收入，因此对所有产品的需求都会增加，包括那些尚未经历（大量）自动化的产品。

（2）资本积累效应：人工智能等自动化技术的应用相当于资本生产强度的增加。高需求资本会引发资本的进一步积累，进而增加对劳动力的需求。

（3）自动化深化效应：自动化提高了已被自动化任务中机器的生产率，这被称为自动化的深化。如果技术改进提高了已被自动化任务的资本生产率，会发生什么呢？这显然不会导致额外的替代，因为在这些任务中，劳动力已经被资本所取代。但它将产生生产率效应，这些生产率效应会增加劳动力需求。

（4）创建新任务效应：人工智能发展催生出许多新的劳动密集型任务（劳动相对于资本具有比较优势的任务），从而增加劳动力需求。实际上，密集型自动化的时期通常与大量新的工作、活动、行业和任务的出现时间相一致。

Autor & Salomons（2018）[35]、Acemoglu & Restrepo（2018）[14]同时指出，自动化会提高生产率，扩大自动化部门的生产规模，从而增加就业需求；同时，自动化会降低自动化部门产品的价格，进而增加居民实际收入，进而通过增加对所有部门产品的需求来创造更多就业机会。Autor & Salomons（2018）[35]还指出了跨行业投入－产出效应（自动化部门给其上下游企业带来的生产率效应）和行业间转移效应（生产率变化导致各行业增加值份额的变动）。此外，Acemoglu & Restrepo（2018）[14]还探讨了自动化过程中的资本积累效应（自动化会增加资本需求，提高均衡租金，从而增加就业需求）和自动化深化效应（提高机器在已经自动化任务中的生产率）。

Acemoglu & Restrepo（2018）[14]基于任务的研究框架强调了自动化（机器和 AI）在任务中对劳动的替代。尽管替代效应降低了劳动需求和工资，但自动化带来的成本节省会引发非自动化任务中劳动需求的上升，这一生产率效应会对替代效应形成一定抵消。此外，资本积累效应和自动化深化效应（原有机器的改进升级）也都增加了劳动需求。因此，Autor & Salomons（2018）[35]认为，由于这些补偿效应的存在，自动化导致的资本－劳动力替代并不一定会降低总的劳动力需求。不过，Acemoglu & Restrepo（2018）[14]认为，这些抵消效应是不完全的，即使其效应很强，自动化带来的产出增加大于工资增加，从而削减国民收入中劳动份额。因此，尽管存在生产率效应、资本积累效应、自动化深化效应等补偿效应，但自动化仍会使生产过程具有更高的资本密集度，且生产率提高幅度往往大于工资提升幅度，从而导致国民收入中劳动份额下降。Acemoglu & Restrepo（2018）[14]进一步指出，自工业革命以来，劳动份额并非稳步下降，这表明另有一股强大力量使生产趋向劳动密集型以平衡自动化的影响，即新任务的创建。最强有力的抵消效应来自新的劳动密集型任务的创建。Acemoglu & Restrepo（2018）[14]指出，纵观历史，我们不仅看到了普遍的自动化，而且看到了一个不断的新任务创建过程，为工人创造了新的就业机会。随着19世纪和20世纪纺织、金属、农业等行业的工作自动化，工厂中涌现出工程、维修、后勤、管理和融资等一系列新工作，为失业工人创造了新的就业机会。新任务的创建不是一个以预定速度推进的自主过程，而是一个其速度和性质由公司、工人和其他参与者决定的过程，也有可能是由新的自动化技术推动的。首先，这是因为自动化通过取代工人，可能会创造一个更大的劳动力池，可以用于承担新的任务；其次，目前讨论最多的自动化技术——人工智能，可以作为一个平台，在许多服务行业创造新的任务。自动化密集的时期往往与新的工作、活动、行业和任务的出现相伴而生。例如，在19世纪的英国，各种新产业和新工作迅速扩展，包括工程师、机械师、修理工、售票员、后勤工人和管理人员，他们都参与了新技术的引进和操作。在20世纪初的美国，农业机械化的同时，新工业和工厂工作岗位的就业率大幅增加，其中包括新兴的农业设备行业和棉花加工行业。并且，这不仅是一个历史现象。当前人工智能领域的实践旨在开发应用型的人工智能 - 商业系统，专门从事与预测、决策、物流和模式识别相关的具体任务。尽管许多职业都涉及这些任务，使得人工智能很可能会在这些任务中产生替代效应，但仍有许多人类技能无法实现自动化，包括复杂的推理、判断、基于类比的学习、抽象的问题解决，以及身体活动、移情和交流的混合。

第四章　人工智能对劳动力再配置的影响

第一节　人工智能对劳动力再配置的影响效应

人工智能的发展与应用掀起了自动化领域的新浪潮，给劳动力市场带来了新一轮“机器换人”的冲击。被人工智能直接替代的工人一般来说不会就此退出劳动力市场，而是会与其他在岗工人进行竞争，从而引发劳动力资源在工作岗位上的重新配置。那么，面对人工智能的冲击，劳动力资源将如何进行重新配置呢？对这个问题的研究有利于我们对未来劳动力市场变化情况形成较好的预期，从而更好地在劳动力供给和就业政策方面进行应对与支持。此外，面对人工智能的冲击，如何促进劳动力资源顺利地实现重新配置，这就涉及劳动力资源重新配置的实现机制研究。2020 年 3 月出台的《中共中央、国务院关于构建更加完善的要素市场化配置体制机制的意见》提出要“引导劳动力要素合理、畅通、有序流动”“畅通劳动力和人才社会性流动渠道”。因此，关于劳动力资源重新配置实现机制的研究，有利于为其具体实施提供理论依据和现实指导。通过促进劳动力资源重新配置实现机制的有效运行，破除其可能面临的障碍，可以充分发挥市场配置机制的作用，畅通劳动力要素流动渠道。

由于人工智能发展对不同工作任务的替代性存在显著差异，因此，人工智能会引发劳动力在不同工作任务间、不同职业间以及不同部门间的重新配置。

首先，人工智能对不同工作任务的替代具有差异性。学者们一般认为，人工智能主要替代了常规任务，而对非常规任务几乎没有影响，但对非常规任务具有一定的互补性。因此，人工智能的发展会导致原本从事常规任务的劳动者向非常规操作型任务或非常规认知任务流动。Feng & Graetz（2015）[17] 研究认为，随着机器设计成本的下降，一方面会促使工人重新分配到工程复杂度更高的任务（匹配函数上移），另一方面又会重新分配到先天能力型任务，从而导致职业培训需求的两极分化。Cortes（2016）[19] 通过构建职业分类内生的一般均衡模型，研究了常规偏向性技术变革对劳动者职业转型模式和工资变动的影响。研究结论表明，当个体从常规职业中转换出来时，能力相对较高的工人更有可能转向非常规认知职业，而能力相对较低的工人则更有可能转向非常规体力职业，美国劳动力市场的经验事实支持了这一结论。80% 以上的工人从常规职业转换到非常规认知工作，其余的则转到非常规体力工作。Wang（2020）[18] 利用英国和德国的面板数据，考察了工人在常规任务强度不同的职业之间的流动性。在从事常规职业的工人中，未观察到的技能越高，他们就越倾向于从事报酬较高的非常规认知职业，而那些未观察到的技能水平较低的人则更倾向于从事报酬较低的非认知体力职业。此外，在英国劳动力市场发现的现象与 Cortes（2016）[19] 在美国观察到的现象类似，即常规工人向下过渡到体力工作，向上过渡到认知工作。然而，在以不同的教育和劳动力市场制度为特征的德国，面对自动化，大多数工人从常规职业转向报酬更高的认知职业，而从常规职业到收入较低的操作型职业的流动性很小。由于不同工作任务在不同部门中的占比存在显著差异，如服务业部门主要集聚了非常规操作型任务（低收入服务业）和非常规认知任务（高收入服务业），而制造业中则大量集聚了常规任务（生产线工人所从事的重复性生产工作），因此，人工智能发展对不同工作任务的差异性影响会导致其对不同部门就业的差异性影响，进而引起劳动者在不同部门间的流动。Autor & Dorn（2013）[36] 指出，美国 1980—2005 年间出现了劳动力供应从中等收入制造业向低收入服务业重新分配的现象，原因是服务业的体力劳动不太容易接受电脑操作，因为它们需要更高程度的灵活性和身体适应性。Atkinson（2018）[37] 提出了“部门转换”的概念，指出人工智能对就业具有破坏性作用。随着自动化减少了农业岗位，人们转向制造业岗位。制造业岗位实现自动化后，人们又转向服务业岗位。然而，随着机器人也将这些工作自动化，就不会有新的部门可供人们转移。

其次，人工智能的发展具有“新任务创建”效应。Acemoglu & Restrepo（2018）[14] 指出，第二次工业革命期间的技术和组织变革很好地说明了新任务的重要性。这些变革不仅涉及铁路取代驿站马车、汽船取代帆船、起重机取代手工码头工人，还涉及创造新的劳动密集型任务。这些任务为工程师、机械师、修理工、售票员、后台工作人员及涉及新技术引进和运行的管理人员创造了新的工作岗位。现今，随着工业机器人、数字技术、计算机控制机器和人工智能取代部分劳动力，再次见证了新任务的出现，从编程人员到视听专家、执行助理、数据管理员和分析人员、会议计划者和社会工作者。因此，人工智能的发展会引起部分劳动者从旧任务中退出，流向新任务。此外，人工智能发展催生了一大批新型人工智能企业，促进了人工智能产业的迅猛崛起。根据《2021 年人工智能行业发展蓝皮书》显示，截至 2019 年年底，全球人工智能核心产业规模达到 4826 亿元，预计近 3 年有望突破万亿元规模，关联实体经济的市场规模超过 20 多万亿元。截至 2023 年年底，我国人工智能核心产业规模超过 5784 亿元，企业数量超过 4000 家。预计到 2035 年，我国人工智能产业规模有望达到 1.73 万亿元，全球占比达到 30.6%。因此，人工智能的发展还会导致劳动力从其他产业向人工智能产业流动。

再次，人工智能等技术的发展从供给侧改变了产品和服务的供给结构。正如智联招聘与美团研究院联合发布的《2020 年生活服务业新业态和新职业从业者报告》所指出，新技术的快速发展催生了新的商业模式和业态，为生活服务市场带来了新产品、新服务和新体验，既包括无人配送、无人驾驶、无人机等，也包括外卖、线上生鲜零售、社区团购、闪购、在线购药等线上线下融合的新业态。因此，人工智能的发展也会导致劳动力向新业态流动。

国内关于人工智能对劳动力再配置影响的研究相对较少。孔高文等（2020）[38]结合地区层面与行业层面的机器人应用数据研究发现，机器人应用导致劳动力在不同行业和地区之间发生转移，提高了本地下游行业、本地劳动力替代性较高的其他行业及外地同行业的劳动就业水平。李宏兵等（2020）[39]基于 2001—2016 年我国省级面板数据实证研究发现，工业智能化水平对第一产业就业增长具有显著的抑制作用，对第二产业的影响并不明显，但却显著促进了第三产业的就业增长，劳动力在产业间出现“跳跃式”流动。毛日昇（2024）[40]研究指出，机器人的广泛应用显著增强了在位企业的市场优势，促进了市场在位企业的总体就业增长，促进了劳动力在不同部门之间的转移，劳动力会倾向于流向企业平均规模较大的行业。机器人应用对高学历和中间年龄群体的工作转换产生更显著的影响，会提升高学历和中间年龄群体追求工作稳定的倾向。

第二节　人工智能对劳动力再配置的影响机制

具体来看，人工智能主要通过替代效应、价格效应和生产率效应引发劳动力再配置。

首先，人工智能通过直接替代效应和间接替代效应引发劳动力再配置。现有研究主要强调人工智能对某种类型工人的直接替代。但实际上，尽管人工智能直接替代的只是某种类型工人，但其他类型工人也会受到间接冲击。如果人工智能直接替代的是中等技能工人，被挤出的中等技能工人向低技能和高技能任务领域重新配置，从而挤出一部分低技能和高技能工人；如果人工智能直接替代的是低技能工人，被挤出的低技能工人向中等技能任务领域重新配置，从而挤出了一部分中等技能工人，这部分中等技能工人又会向高技能任务领域重新配置，从而挤出一部分高技能工人；如果人工智能直接替代的是高技能工人，被挤出的高技能工人向中等技能任务领域重新配置，从而挤出了一部分中等技能工人，这部分中等技能工人又会向低技能任务领域重新配置，从而挤出一部分低技能工人。

其次，人工智能通过对工资水平的影响引发劳动力再配置。当某种类型工人的任务领域被部分侵占时，其劳动力需求下降，导致绝对工资水平下降。厂商的边际劳动成本随之下降，从而会在该种类型工人的任务领域中雇用更多的工人。假设低技能工人被人工智能直接替代。低技能工人的需求下降，其绝对工资水平 W_L 随之下降。W_L 下降后，低技能工人任务领域中的每一项任务会吸收更多的工人。此外，低技能工人会因直接替代效应向中等技能工人任务领域流动，从而部分挤出中等技能工人，使其需求下降，实际工资水平 W_M 下降。因此，中等技能任务领域中的每一项任务也会吸收更多的工人。随后，因间接替代效应被挤出的中等技能工人又会向高技能任务领域流动，从而挤出部分高技能工人，使其需求下降，实际工资水平 W_H 下降。因此，高技能任务领域中的每一项任务同样会吸收更多的工人。假设中等技能工人被人工智能直接替代。中等技能工人的需求下降，其绝对工资水平 W_M 随之下降。W_M 下降后，中等技能工人任务领域中的每一项任务会吸收更多的工人。此外，因替代效应被挤出的中等技能工人会同时向低技能和高技能任务领域流动，从而使得低技能和高技能工人均会部分地被挤出，使其需求下降，实际工资水平 W_L 、W_H 下降。因此，低技能和高技能任务领域中的每一项任务也会吸收更多的工人。假设高技能工人被人工智能直接替代。高技能工人的需求下降，其绝对工资水平 W_H 随之下降。W_H 下降后，高技能工人任务领域中的每一项任务会吸收更多的工人。此外，因直接替代效应被挤出的高技能工人会向中技能任务领域流动，从而部分挤出中等技能工人，使其需求下降，实际工资水平 W_M 下降。因此，中等技能任务领域中的每一项任务也会吸收更多的工人。随后，因间接替代效应被挤出的中等技能工人又会向低技能任务领域流动，从而挤出部分低技能工人，使其需求下降，实际工资水平 W_L 下降，低技能任务领域中的每一项任务同样会吸收更多的工人。

最后，人工智能通过生产率效应引发劳动力再配置。人工智能等自动化技术之所以被应用，是因为它们能够提高自动化部门的生产率。自动化部门生产率的提高，不仅会增加该部门就业人数，还会通过总需求效应增加经济中所有部门的就业人数。人工智能等自动化技术会提高生产率，扩大自动化部门的生产规模，从而增加就业需求；同时，这些技术会降低自动化部门产品的价格，提高居民实际收入，进而通过增加对所有部门产品的需求来创造更多就业机会（Autor & Salomos，2018[14]）。Acemoglu & Restrepo（2018）[36]还探讨了自动化过程中的资本积累效应（自动化会增加资本需求，提高均衡租金，从而增加就业需求）和自动化深化效应（提高机器在已经自动化任务中的生产率）。因此，人工智能会使低、中等、高技能任务领域中的每一项任务能吸收更多的工人。

第三节　劳动力再配置的短期失业问题

人工智能发展将引起劳动力在不同职业、行业、部门以及地区间的重新配置。但是，如果劳动力资源再配置的实现机制受阻或具有滞后性，那么就可能出现短期失业问题。

首先，劳动力资源重新配置的实现机制之一是工资水平的下降。然而，如果出现工资刚性，那么这一过程就难以顺利实现，从而导致工人的短期失业。工资刚性是一个比较普遍的现象。例如，工会的存在使工资模式僵化；劳动合同的签订使工资被固定在某一水平上，或者使其只能向上调整而不能向下调整；政府的最低工资法规可能限制了低技能工人工资的向下调整；企业支付高于市场出清水平的工资以减少偷懒行为（效率工资理论）。罗楚亮和刘盼（2018）[41]基于1998—2007年中国工业企业数据，发现中国名义工资刚性的平均水平为3.37%。如果工资具有向下刚性或黏性的特征，就难以随着劳动需求的变动作出充分调整，从而无法在经济运行中充分发挥分配机制的动态功能，进而导致失业问题。

其次，劳动力资源重新配置的另一实现机制是人工智能的生产率效应。然而，人工智能的生产率效应往往具有滞后性，因为从人工智能的应用到所有部门生产率水平的提高需要一个过程。即使近年来人工智能技术取得了大幅改进，生产率的低增长仍在持续，这一事实可能取决于人工智能革命所需的时间延迟，以允许互补性发明的产生、企业的重组和工人技能的提高，从而使其能够渗透到整个经济体中（Brynjolfsson et al.，2019[42]）。因此，尽管最终的新均衡状态会实现所有劳动力的吸纳，但在调整过程中，人工智能的应用可能会使工人以比他们能够找到新工作或创造新工作更快的速度被裁员，从而导致短期失业。特别值得关注的是，这些变化可能会发生得如此之快，以至于在一段时间内，许多人可能会失业。

当然，即使劳动力资源重新配置的实现机制能够有效且及时运行，也可能出现摩擦性失业和结构性失业问题。不管是某种类型工人向另一种类型工人任务领域重新分配（例如，中等技能工人向低技能工人任务领域重新分配），还是某种类型工人任务领域内部的重新分配（例如，被中等技能工人侵占了任务领域的低技能工人重新分配到该任务领域内价值更低的任务上），都可能因信息不完全而导致摩擦性失业。信息不对称使得工人和雇主需要花费一定时间寻找新的匹配。人工智能对不同行业和职业的影响存在差异，某些行业和职业受到的影响比其他行业、职业更大。因此，劳动力资源的重新配置涉及劳动力在不同行业和职业间的流动。根据人力资本理论，人的职业能力分为三个层级：职业特定能力、行业通用能力、核心能力。因此，短期内，需要转移工作的劳动力的职业特定能力和行业通用能力可能与市场需求不匹配，从而产生结构性失业。人工智能的冲击使一部分人需要在不同的工作中转移，从而可能导致一些人因等待转业而出现短期失业现象。

人工智能的发展将不可避免地带来劳动力资源的重新配置。面对人工智能趋势下的劳动力资源重新配置现象，为了“引导劳动力要素合理、畅通、有序流动”，必须从制定和实施较为完善的劳动就业与培训政策方面进行应对并提供支持。为了更好地促进劳动力资源的合理、高效流动，需要全面建立健全劳动力资源信息服务平台，保障劳动力资源重新配置实现机制的有效运行，破除其可能面临的障碍，从而全面畅通劳动力要素的流动渠道。此外，人工智能对不同行业和职业的影响不同，因此会涉及劳动力在不同行业和职业间的流动。短期内，需要转移工作的劳动力的职业特定能力和行业通用能力可能与市场需求不匹配，从而产生结构性失业。这就需要政府基于这方面的具体调研，有针对性地开展就业培训计划，并要求企业做好入职培训工作。

第四节　劳动力再配置的生产率效应

人工智能一般被认为会提高整体经济的劳动生产率。首先，人工智能能够提高自动化部门的劳动生产率，从而降低自动化部门产品的价格，提高居民实际收入，进而提高对所有部门产品的需求。经济中各部门生产规模扩大后，通过

"维多恩"效应将提高其劳动生产率。Graetz & Michaels（2018）[43] 利用1993—2007年间17个国家的工业面板数据表明，工业机器人提高了劳动生产率和附加值。平均来看，这些国家国内生产总值（gross domestic product，GDP）增长中的约十分之一可能归功于机器人技术的应用。不过，孙早和侯玉琳（2019）[44] 利用中国2001—2017年23个制造业的省级面板数据进行实证分析指出，现阶段人工智能的发展促进了纺织服装和通用设备等传统制造业的全要素生产率（total factor productivity，TFP）提升，但对医药制造、计算机和仪器仪表制造这三个高端制造业的TFP提升没有显著作用，这表明，纯市场竞争条件下，企业为寻求短期利益而过度发展自动化技术。

人工智能本身会带来直接的生产率效应，同时，其引发的劳动力资源重新配置也会带来生产率的变动，即劳动力配置效应。如果劳动力配置效应为负，那么人工智能的生产率效应就会打折扣；而如果劳动力配置效应为正，人工智能的生产率效应就会被放大。研究人工智能引发的劳动力资源重新配置及其劳动力配置效应，有利于更真实地评估人工智能的净生产率效应，从而更好地促进人工智能产业的合理发展，避免人工智能的发展与应用不足，或防止其过度发展与应用。

假设高、中等、低技能工人在任务 i 中的生产率分别为 $\gamma_H(i)$、$\gamma_M(i)$、$\gamma_L(i)$；对于同一任务 i，有 $\gamma_H(i)>\gamma_M(i)>\gamma_L(i)$。因此，有以下结论。

（1）如果低技能工人被人工智能直接替代，低技能工人会向中等技能工人任务领域重新配置，从而导致生产率下降。随之，被替代的中等技能工人向高技能工人任务领域重新配置，同样导致生产率下降。因此，劳动力资源重新配置的总生产率效应为负。

（2）如果中等技能工人被人工智能直接替代，中等技能工人分别向低技能和高技能工人任务领域重新配置。其中，中等技能工人向低技能工人任务领域重新配置，会提高生产率；中等技能工人向高技能工人任务领域重新配置，会导致生产率下降。因此，劳动力资源重新配置的净生产率效应究竟为正还是为负，取决于以上两种生产率效应的对比。

（3）如果高技能工人被人工智能直接替代，高技能工人会向中等技能工人任务领域重新配置，会提高生产率。随之，被替代的中等技能工人会向低技能工人任务领域重新配置，同样会提高生产率。因此，劳动力资源重新配置的总生产率效应为正。

人工智能的发展势必带来劳动力资源的重新配置，而劳动力资源的重新配置又会带来生产率的变动，即劳动力资源再配置的生产率效应。尽管人工智能的发展与应用会直接带来生产率的提升，但如果其引发的劳动力资源再配置的生产率效应为负，那么人工智能的净生产率效应就会打折扣。通过研究劳动力资源再配置的生产率效应，可以更准确地衡量人工智能应用的真实收益，从而避免人工智能的发展与应用不足，或防止其过度发展与应用。

从工业革命开始到 19 世纪中叶的 80 年间，工资停滞不前，劳动力比例下降，尽管技术在不断进步，英国经济的生产率也在继续增长，这一现象称为“恩格尔的停顿”（之前被称为“生活水平悖论”）。如果从“过度自动化”的视角来看，这意味着自动化速度比社会期望得更快。过度的自动化不仅会造成直接的效率低下，还可能通过浪费资源和取代劳动力来抑制生产力的增长。

第五章　人工智能对就业的影响

第一节　人工智能替代就业的经验事实

人工智能技术标志着自动化发展进入了一个新的阶段。在整个工业革命期间，用机器代替重复的人力劳动一直是技术变革的一个重要推动力。早期的自动化主要是在制造业中替代生产型工人。蒸汽动力和电力在美国制造业中的应用导致中等技能工人（如工匠）被替代（Feng & Graetz，2015[17]）。到 20 世纪初，机械化的进展使人类承担的大部分体力劳动实现了自动化。20 世纪中后期，信息技术的进步又使过去由人类执行的许多标准化数据处理任务实现了自动化。在过去 30 年中，计算机技术已经显著提升了簿记、出纳、电话接线等岗位的工作效率，自动化处理了大量重复性的信息任务，使相关从业人员能够专注于更具创造性和战略性的协调与沟通工作。尽管自工业革命以来，自动化的发展历程已有一个多世纪，但人工智能的进步只是自动化发展进入了一个新的阶段。然而，过去每一个自动化的阶段都留下了许多只能由人类完成的工作（Korinek & Stiglitz，2018[4]）。例如，需要一定沟通互动性的任务（如服务员、保安、收银员、出租车司机等），或者从工程角度来看复杂度很高的任务（如律师、研究人员、医生等）。根据 Autor et al.（2003）[15] 的分类，传统自动化技术主要替代的是常规性任务，而对于非常规操作型任务（以沟通互动性为特征）和非常规认知任务（以灵活性和创造性为特征）则无法替代。

人工智能的发展与应用，使得机器能够完成的任务范围大幅扩大。尽管人工智能的发展主要集中在电信、软件服务和电子制造领域，但有明显迹象表明，几乎所有其他行业都在越来越多地利用人工智能技术带来的自动化机会（Damioli et al. 2021[45]）。在制造业中，自动化生产设备不断被引进和更新，工厂生产线正在从半自动化逐渐升级为全自动化，无人工厂成为未来工厂的发展趋势。在零售业、批发业、餐饮业和金融业等行业中，自助结账、高级存储系统、机器人服务员、自动化客户服务和其他形式的自动化也已经广泛扩散。此外，计算机在广泛的认知任务中也开始越来越多地挑战人类的劳动。例如，基于机器学习的设备已经能够诊断某些形式的疾病，以可接受的质量将文本从一种语言翻译成另一种语言，甚至可以编写简单的新闻快报（Brynjolfsson & McAfee，2014[46]）。麦肯锡最近的一项研究指出，即使是那些收入较高的职业（如财务规划师、医生和高级管理人员）所从事的活动中，也有很大一部分可以通过采用当前技术实现自动化（Acemoglu & Restrepo，2017[29]）。近期 DeepSeek 的出现，使得翻译、会计、数据分析师、文字编辑等越来越多的非常规认知任务开始实现自动化。未来，随着人工智能的进一步发展，如自动驾驶系统、快递配送机器人、家政机器人等智能系统或机器的出现与普及，非常规操作型任务也将成为自动化的重点领域。因此，传统自动化主要替代的是几乎不需要沟通互动性且工程复杂度相对较低的任务，而人工智能的发展与应用，一方面开始替代需要一定沟通互动性的任务（如服务员、收银员、司机），另一方面开始替代工程复杂度较高的任务（如会计、律师助理、医疗诊断）。

人工智能的自动化特性意味着机器人和机器越来越多地接管原本由人工执行的任务，这将对劳动力就业形成重大冲击，引发人们对新技术导致大规模失业的担忧。进一步地，如果人工智能对不同类型劳动的就业冲击存在差异性，则会导致就业结构的变化。例如，国外学者研究一致认为，人工智能主要替代了从事常规任务的中等技能工人，是欧美国家劳动力市场出现"极化"的主要原因（Autor et al.，2006[16]；Acemoglu & Autor，2011[21]；Goos et al.，2014[20]）。

不过，在对劳动力进行大规模替代的同时，人工智能的发展也创造了许多新的职业和岗位，即"创建新任务效应"。第二次工业革命期间的技术和组织变革很好地说明了新任务的重要性，这些变革不仅包括用铁路代替驿站马车、用汽船代替帆船、用起重机代替人工码头工人，还创造了新的劳动密集型任务。这些任务为工程师、机械师、修理工、售票员、后台工作人员及参与新技术引进和操作的管理人员创造了工作机会。现今，随着工业机器人、数字技术、计算机控制机器和人工智能取代部分劳动力，我们再次见证了新任务的出现，从工程和编程功能到视听专家、执行助理、数据管理员和分析师、会议策划者执行的任务，以及社会工作者。Acemoglu & Restrepo（2018）[14] 指出，在过去的 35 年里，新的任务和新的职位在美国就业增长中占据了很大比重。2000 年，大约 70% 的计算机软件开发人员（当时雇用了 100 万人的一个职业类别）有了新的工作头衔。同样，1990 年的"放射技术员"和 1980 年的"管理分析员"是新的职务。在 1980 年至 2015 年间增加的约 5000 万个就业岗位中，约有 60% 与具有新职称的职业的增长有关。

就近些年来看，人工智能等技术的发展从供给侧变革引导了产品和服务的供给结构，催生了众多新业态。《2020 年生活服务业新业态和新职业从业者报告》指出，新技术的快速发展催生了新的商业模式和业态，为生活服务市场带来了新产品、新服务和新体验，既包括无人配送、无人驾驶、无人机，也包括外卖、线上生鲜零售、社区团购、闪购、在线购药等线上线下融合的新业态。

第二节　不同职业（工作）的自动化风险

Frey & Osborne（2013）[28] 根据任务对自动化的敏感性对任务进行分类，并将这些任务与职业、就业和工资数据联系起来，从而估计了美国 702 个详细职业的计算机化概率。他们根据计算机化概率（概率阈值分别为 0.7 和 0.3）将职业分为高风险、中等风险和低风险三类。研究结果显示，美国总就业人数的 47% 属于高风险类别，这意味着相关职业在未来 10 到 20 年内可能实现自动化。此外，工资水平、教育程度与职业的计算机化概率呈强烈的负相关。King（2016）[47] 借鉴了 Frey & Osborne（2013）[28] 的方法和初始数据，研究了新加坡工作对计算机化和自动化的敏感性。研究结果显示，约四分之一的新加坡人的就业机会面临着计算机化的高风险。在这一高风险类别的工人中，有相当一部分人具有非高等教育学历，且往往是老年人。因此，如果他们失业，再就业的可能性很小。David（2017）[48] 运用类似的方法对日本计算机技术引起的就业破坏风险进行了评估，指出在未来几年中，大约有 55% 的工作岗位容易被计算机替代，并且，非正规工作（涉及临时工和兼职工人的工作）比其他工作更容易受到计算机技术扩散的影响。

Arntz et al.（2016）[49] 认为 Frey & Osborne（2013）[28] 提出的是基于职业的评估方法，即假设整个职业而非单一工作任务会被自动化。然而，实际情况是特定的任务而非整个工作会被自动化。这种基于职业的评估方法会导致对工作自动化程度的高估，因为被标记为高风险的职业通常仍包含许多难以自动化的任务。因此，他们基于任务型方法对 21 个经济合作与发展组织（后文简称“经合组织”）国家的工作自动化程度进行了评估。研究结论为，在 21 个经合组织国家中，平均有 9% 的工作是可以自动完成的，并且经合组织国家之间存在显著异质性。例如，在韩国，自动化工作的比例是 6%；而在奥地利，相应的比例是 12%。

一些研究机构或国际组织也对未来的工作自动化风险进行了评估。例如，麦肯锡全球研究所（McKinsey Global Institute，MGI）报告（2017）指出，在大约 60% 的职业中，至少有 30% 的活动是可以自动化的。然而，MGI 的报告也指出，这种自动化不一定会导致劳动力被取代。美国经济顾问委员会（Council of Economic Advisers，CEA）（2016）认为，每小时收入低于 20 美元的工作被自动化的概率为 83%，而每小时收入超过 40 美元的工作被自动化的概率仅为 4%。世界银行（World Bank，WB）(2016) 数据表明，从当今的技术角度来看，18 亿个工作岗位（占发展中国家现有劳动力的三分之二）估计容易受到自动化的影响。

Frey & Osborne（2013）[28] 指出，在未来几十年里，计算机化的程度将取决于克服自动化工程瓶颈的速度。从这个角度看，将有可能发生两次自动化浪潮，中间被"技术瓶颈"隔开。

在第一波自动化浪潮中，大多数从事运输和物流业的工人，连同大部分的办公室和行政辅助人员，以及从事生产业的工人，都有可能被自动化资本所取代。由于自动化汽车已经在开发中，传感器成本的下降使得使用先进传感器的增程车辆越来越具有成本效益，运输和物流职业的自动化已在技术上具备一定可行性。此外，用于大数据的算法已经快速进入依赖于存储或访问信息的领域，这使得办公室和行政支持职业将受到自动化的影响变得同样醒目。生产职业的自动化仅仅表明了过去几十年观察到的一种趋势的延续，工业机器人承担着制造业中大多数操作人员的日常任务。随着工业机器人变得越来越先进，它们的感官和灵巧性将得到增强，能够执行范围更广的非常规手动任务。从技术能力的角度来看，生产性职业的绝大部分剩余就业机会在未来几十年内可能会减少。

在服务业、销售业和建筑业就业中，有相当一部分显示出高度的自动化可能性。第一，个人和家庭服务机器人的市场已经在快速增长。随着人类劳动在涉及流动性和灵巧性的任务中的相对优势将随着时间的推移而减弱，服务性职业中的劳动替代速度将加快。第二，虽然销售职业可能需要高度的社会智能，但在不久的将来很可能会受到计算机化浪潮的冲击。尽管出纳员、柜台、出租职员及电话销售员等职业涉及互动任务，但并不一定需要高度的社会智力。第三，预制将允许越来越多的建筑工程在工厂的受控条件下进行，这在一定程度上消除了任务的可变性。这一趋势可能会推动建筑工程的计算机化。

在第二波自动化浪潮中，自动化主要依赖于克服与创造性和社会智能相关的工程瓶颈。"美术""创意""谈判""说服力""社会感知力"与"帮助和照顾他人"等变量在自动化低风险类别中都表现出较高的价值。相比之下，"手动灵巧度""手指灵巧度"和"工作空间狭窄"变量的值相对较低。因此，需要人类启发式知识的通才职业及涉及新思想和智力开发的专业职业，最不容易受到计算机化的影响。

作为需要高度社会智慧的通才工作的典型例子，可以考虑向首席执行官进行报告的工作任务，包括"与董事会成员、组织官员或工作人员讨论问题、协调活动或解决问题"，由于大多数管理、商业和金融职业都是需要社会智慧的综合性工作，它们大多局限于低风险类别。教育、医疗、艺术和媒体等行业的大多数职业也是如此。例如，演员的工作任务包括“运用身体动作、面部表情和手势，对情绪、动作和情景进行幽默和严肃的解释”，以及“学习剧本中的人物及其相互关系，以便发展角色解释”。尽管这些任务与首席执行官的任务有很大不同，但它们同样需要对人类启发式的深刻了解，这意味着，涉及社会智能的广泛任务在不久的将来不太可能受到计算机化的影响。另外，工程和科学职业对计算机化的敏感性较低，主要是因为他们需要高度的创造性智力。例如，数学家的工作任务涉及“发展新的原理和现有数学原理之间的新关系以推进数学科学”和“进行研究以扩展传统领域的数学知识，如代数、几何、概率和逻辑”。虽然很明显，计算机正在进入科学和工程领域，但是，在创造性科学和工程职业中，计算机和劳动力之间具有很强的互补性；尽管从长远来看，计算机有可能完全取代这些职业中的劳动者。

此外，律师助理和法律助理（计算机已经可以替代）属于高风险类别。同时，依赖法律助理提供劳动投入的律师属于低风险类别。因此，要使律师的工作完全自动化，就必须克服创造性和社会智能的工程瓶颈，这意味着法律研究的自动化将在中期内补充律师的工作。

第三节　人工智能对就业的替代模式

本节将基于工作任务的研究框架对人工智能对就业的替代模式进行探讨。人工智能在任务领域的扩张方式如图 5–1 所示。

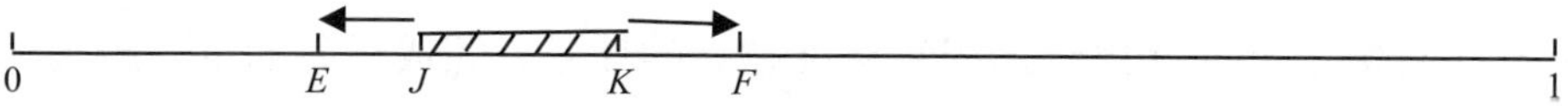

0　E　J　K　F　1

图 5–1　人工智能在任务领域的扩张方式

假设每单位最终产品的生产需要完成区间 [0, 1] 内一系列连续性的任务 i，即 $i \in [0, 1]$。这里从工程复杂度和沟通互动性两个维度来定义任务特征。其中，i 值表示任务的工程复杂度，即 i 值越大表明任务的工程复杂度越高。任务的工程复杂度与所属领域的专业知识相关，因此也与工人的训练要求相关。工程复杂度越低，训练要求越低，低技能工人就能较好地胜任靠近 0 的任务；工程复杂度越高，训练要求越高，需要高技能工人才能较好地胜任靠近 1 的任务。另外，尽管靠近 0 的任务训练要求低，但是通常需要沟通互动性（如服务员、公司前台、保安等低技能工人承担的低工资职业），因此传统自动化无法取代这些任务。沟通互动能力是人类的先天性能力，不需要训练即可拥有，所以对工人来说完全不是问题。因此，工人与任务的匹配，只依赖于任务的工程复杂度，靠近 0 的区域由低技能工人承担，靠近 1 的区域由高技能工人承担，中间区域则由中等技能工人承担。

假设 $i \in [0, J]$ 为需要一定沟通互动性的任务区域，这对应于 Autor et al.（2003）[15] 定义的非常规操作型任务。其中，i 值越小的任务，沟通互动性越强，工程复杂度越低，随着 i 值的上升，沟通互动性的占比减少，而技能性（即工程复杂度）上升。沟通互动性是人类的先天性能力，不会对工人形成约束，但对传统自动化技术却构成了限制。由于传统自动化无法解决沟通互动性问题，它只能以 J 为起点，向右延伸，致力于解决工程复杂度更高的任务。同时，由于只能依赖于按照明确的编程规则来执行任务，传统自动化所承担任务的工程复杂度相对较低，完成这些任务的过程能够被充分地理解。假设 $i \in [J, K]$ 为传统自动化已实现就业替代的任务区域，主要指蒸汽动力、电力和信息技术所带来的自动化。

人工智能通过模拟、延伸和扩展人的智能，既有望于解决沟通互动性（非常规操作型任务），又可以模拟人脑通过运用复杂的专业知识灵活且极具创造性地解决问题（非常规认知任务）。因此，在传统自动化的基础上，人工智能沿着两个方向继续自动化进程，一个是以 J 为起点，向左延伸，致力于解决沟通互动性问题；另一个是以 K 为起点，向右延伸，致力于解决工程复杂度更高的任务。

假设根据受训练情况，现实中有三种类型的工人：高技能工人、中等技能工人和低技能工人。高、中等、低技能工人在任务 i 中的生产率分别为 $\gamma_H(i)$、$\gamma_M(i)$、$\gamma_L(i)$，投入数量分别为 $h(i)$、$m(i)$、$l(i)$。对于同一任务 i，有 $\gamma_H(i) > \gamma_M(i) > \gamma_L(i)$。同时，由于工程复杂度越高的任务，完成任务的难度越大，对工人的训练要求越高，因此，假设生产率 $\gamma_H(i)$、$\gamma_M(i)$、$\gamma_L(i)$ 均随着 i 值的上升（工程复杂度增加）严格单调递减。具体来说，$\gamma_L(i)$ 的下降速度最快，$\gamma_M(i)$ 次之，$\gamma_H(i)$ 的下降速度最慢。因此，随着 i 值的上升，在生产率方面，高技能工人相对于中等和低技能工人具有比较优势，即 $\gamma_H(i)/\gamma_M(i)$、$\gamma_H(i)/\gamma_L(i)$ 随着 i 值的上升而递增；中等技能工人相对于低技能工人具有比较优势，即 $\gamma_M(i)/\gamma_L(i)$ 随着 i 值的上升而递增。

假设高、中等、低技能工人的劳动力供给固定，分别为 H、M、L。假设初始状态下，高、中等、低技能工人的工资水平分别为 W_H、W_M、W_L，有 $W_H > W_M > W_L$。

工人与任务的均衡匹配条件为 $W_L / \gamma_L(i) = W_M / \gamma_M(i)$、$W_H / \gamma_H(i) = W_M / \gamma_M(i)$。工人与任务的均衡匹配如图 5–2 所示。

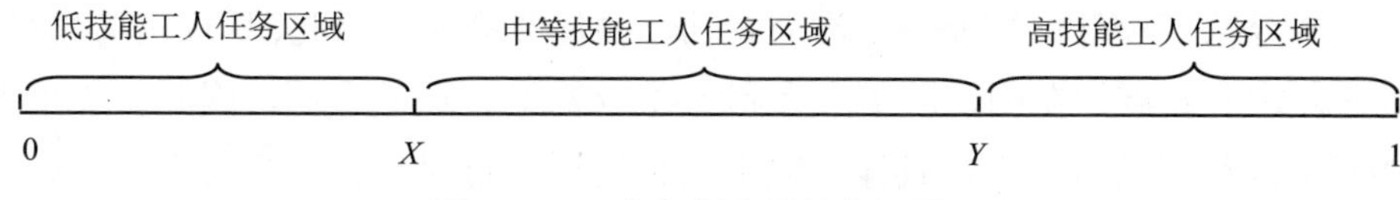

图 5-2　工人与任务的均衡匹配

假设均衡条件 $W_L/\gamma_L(i)=W_M/\gamma_M(i)$、$W_H/\gamma_H(i)=W_M/\gamma_M(i)$ 分别对应于任务区域中的 X 点和 Y 点，则低技能工人任务区域为 [0, X]，中等技能工人任务区域为 [X, Y],高技能工人任务区域为 [Y, 1]。由于 $\gamma_M(i)/\gamma_L(i)$ 随着 i 值的上升而递增，因此，在 [0,X] 区域内，$W_M/W_L>\gamma_M(i)/\gamma_L(i)$，企业雇用低技能工人更有利可图；在 [$X$,$Y$] 区域内，$W_M/W_L<\gamma_M(i)/\gamma_L(i)$，相对于低技能工人，企业雇用中等技能工人更有利可图。同理，由于 $\gamma_H(i)/\gamma_M(i)$ 随着 i 值的上升而递增，因此，在 [X,Y] 区域内，$W_H/W_M>\gamma_H(i)/\gamma_M(i)$，相对于高技能工人，企业雇用中等技能工人更有利可图；在 [Y,1] 区域内，$W_H/W_M<\gamma_H(i)/\gamma_M(i)$，企业雇用高技能工人更有利可图。

为了确保劳动力资源配置的均衡状态，整个任务区域依次被划分为低技能工人区域、中等技能工人区域和高技能工人区域（相对合理的均衡状态），这里假设 $W_M/W_L>\gamma_M(0)/\gamma_L(0)$、$W_H/W_M<\gamma_H(1)/\gamma_M(1)$、$W_H/W_M>\gamma_H(X)/\gamma_M(X)$。其中，$W_M/W_L>\gamma_M(0)/\gamma_L(0)$ 意味着相对于中等技能工资，低技能工资要足够低，以确保厂商面对低技能和中等低技能工人时，会选择雇用低技能工人；$W_H/W_M<\gamma_H(1)/\gamma_M(1)$ 意味着相对于中等技能工资，高技能工资要足够低，以确保厂商面对中等和高技能工人时，会选择雇用高技能工人；$W_H/W_M>\gamma_H(X)/\gamma_M(X)$ 意味着相对于高技能工资，中等技能工资要足够低，以确保厂商面对中等和高技能工人时，会选择雇用中等技能工人；同时相对于低技能工资，中等技能工资要足够低，以确保厂商面对中等和低技能工人时，会选择雇用中等技能工人。

通过以上研究确定了人工智能在任务领域的扩张方式（图 5-1），以及工人类型与任务领域的对应关系（图 5-2）,就可以探讨人工智能对工人类型的替代性，即人工智能对就业的替代模式。

人工智能对工人类型的替代性，取决于图 5-2 中的 X、Y 点分别在图 5-1 中所处的位置，以及人工智能在任务领域中的具体扩张路径（图 5-1 中 E 点的左移还是 F 点的右移）。因此，这里需要分情形进行讨论。根据前面的假设，E 点位于工程复杂度较低但需要一定沟通互动性的任务区域。因此，从现实情况来看，Y 点不会处于 E 点的左侧，即 Y 点在图 5-1 中处于 F 点的右侧。因此，关于人工智能对工人类型的替代性，具体分以下三种情形进行讨论：① X 点位于 E 点的左边；② X 点位于 F 点的右边；③ X 点恰好位于 F 点。

在情形①下（图 5-3），无论人工智能是向解决沟通互动性问题的方向扩张（E 点左移），还是向解决较高工程复杂度问题的方向扩张（F 点右移），都会直接替代中等技能工人。

在情形②下（图 5-4），无论人工智能是向解决沟通互动性问题的方向扩张（E 点左移），还是向解决较高工程复杂度问题的方向扩张（F 点右移），都会直接替代低技能工人。

在情形③下（图 5-5），如果人工智能向解决沟通互动性问题的方向扩张（E 点左移），则会直接替代低技能工人；如果人工智能向解决较高工程复杂度问题的方向扩张（F 点右移），则会直接替代中等技能工人。

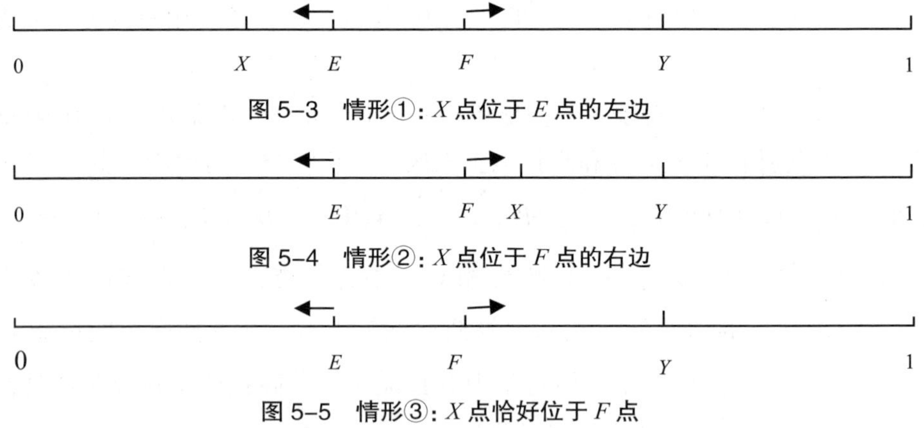

图 5-3　情形①：X 点位于 E 点的左边

图 5-4　情形②：X 点位于 F 点的右边

图 5-5　情形③：X 点恰好位于 F 点

第四节　人工智能对就业总量的影响

人工智能主要是通过替代就业对劳动力市场产生影响，因此，探讨人工智能对劳动力市场的影响效应离不开关于人工智能对就业影响的讨论。从理论上讲，人工智能在通过替代就业减少劳动力需求的同时，也会通过提高生产率等补偿性效应增加劳动力需求，因此，人工智能对劳动力需求的最终影响取决于替代效应和补偿性效应之间的对比。如果替代效应大于补偿性效应，人工智能的发展会减少劳动力需求；反之，则会增加劳动力需求。在现实经济中，人工智能的发展究竟是增加了劳动力需求还是减少了劳动力需求，需要进一步通过实证研究来验证。

从理论上讲，人工智能的发展和应用给劳动力市场带来了新一轮的“机器换人”冲击，这一替代效应可能会大幅减少劳动力需求。随着机器对工人的可替代性不断提高，机器人和机器越来越多地接管原本由人工执行的任务，这可能会减弱生产过程对劳动力的依赖，导致劳动力冗余，甚至终止对工人的雇用（Acemoglu & Restrepo, 2018[14]）。人工智能的发展带来的任务加速自动化引发了人们对新技术导致劳动力冗余的担忧（Brynjolfsson & McAfee，2014[46]；Akst，2013[50]；Autor，2015[51]；Acemoglu et al.，2014[52]；Gregory et al.，2016[26]）。然而，正如 Schlogl & Sumner（2018）[34] 指出，从理论上讲，自动化对就业的净效应既可以是正面的（较低的价格导致更高的需求量，从而导致更多的劳动力需求），也可以是负面的（被取代的劳动力不能被吸收）。机器人可以直接取代工人执行特定任务（替代效应），但它们也可以通过提高工业生产效率（生产率效应）来扩大劳动力需求（Chiacchio et al.，2018[53]；Acemoglu & Restrepo，2018[14]；Autor & Salomons，2018[35]）。此外，在人工智能的发展过程中，新任务（新的工种和新的岗位）一直在被创建（Hemous & Olsen，2016[32]; Acemoglu & Restrepo，2018[14]），其中部分新任务的创建直接或间接与人工智能的发展和应用相关，包括人工智能制造产业的兴起与发展，以及对人工智能应用起协助和配合作用的新任务，即协助人工智能制造、引进、运行与维护的相关职位，这将增加劳动力需求。因此，人工智能的发展对劳动力总需求的净效应尚不明确，需要经验事实的验证。实际上，关于自动化对劳动力需求（就业）的影响，学者们的研究结论或提供的证据确实比较复杂。

部分学者研究认为，自动化会减少劳动力需求。Susskind（2017）[33] 构建了一个基于任务的自动化模型，在该模型中，随着高级资本的发展，资本可以在高级任务中取代劳动力。而随着自动化渐进式入侵至所有工作任务，劳动力最终被完全消灭。劳动力最终被排斥的理由是，劳动力稀缺性的下降不会刺激使用劳动力的新任务或者与劳动力具有补充性的技术的内生创造。在静态模型中，能力不断增强的机器降低了相对工资和劳动份额，迫使劳动力专门从事一系列不断减少的任务；在动态模型中，劳动力以模型内在决定的速度被驱逐出经济，被迫专门从事一系列不断减少的任务，工资稳步下降到零，劳动力完全被消灭，随之而来的是“技术性失业”。Acemoglu & Restrepo（2020）[54] 指出，最近美国劳动力在国民收入中所占份额和就业人口比的下降通常被解释为数字技术、机器人技术和人工智能渗透经济的证据，工人发现与机器竞争越来越困难，他们的报酬将经历相对甚至绝对的下降。Acemoglu & Restrepo（2020）[54] 还探讨了 1990—2007 年间美国当地劳动力市场上工业机器人使用的影响，结果表明，机器人的使用对美国当地劳动力市场具有破坏性。根据其估计，“每千名工人增加一个机器人，就业人口比降低约 0.18% ~ 0.34%”。Chiacchio et al.（2018）[53] 研究了占欧盟工业机器人市场 85.5% 的 6 个欧盟国家的工业机器人对就业和工资的影响，结果表明，每千名工人增加一台机器人，就业率降低 0.16% ~ 0.20%。因此，“替代效应”相较于“生产率效应”明显占主导地位。Chiacchio et al.（2018）[53] 以欧盟地区（即 6 个成员国）为研究对象，指出每千名工人增加一台机器人会降低 0.16% ~ 0.20% 的就业率。

另一部分学者则通过研究指出，自动化最终会增加劳动力需求。Albus（1983）[55] 发表了第一篇关于人工智能对就业产生积极影响的论文。他发现没有任何证据表明，通过技术进步而产生的更高生产率会减少就业机会；相反，生产率的提高会促进增长，并促使新市场、新产品及新服务的出现。这些新的发展将需要更多的工作岗位，从而降低失业率。Gregory et al.（2016）[26] 通过对 1999—2010 年 27 个欧盟国家 238 个地区的模型进行估计，实证评估了整个经济范围内的劳动力需求效应以及不同传导渠道的贡献，研究结果显示，1999—2010 年间，常规偏向型技术变革（RRTC）在 27 个欧盟国家产生了净的劳动力需求效应，表明劳动力正在与机器赛跑。Dauth et al.（2017）[56] 将德国劳动力市场数据与 IFR 机器人装运数据相结合，发现虽然每增加一个工业机器人都会导致两个制造业工作岗位的损失，但服务业创造了足够多的新工作岗位，抵消了制造业的负面就业效应。在某些情况下，这种效应会得到过度补偿。Autor & Salomons（2018）[35] 指出，人工智能等自动化技术对人工的替代不必减少总劳动力需求，因为它同时引发了四种效应：①本行业的直接效应；②跨行业的投入 / 产出效应；③行业间的转移效应；④最终的需求效应。其中，后三种效应均属于间接效应。Autor & Salomons（2018）[35] 将 TFP 的变动作为自动化的衡量指标，采用 2008 年版的 EU KLEMS 数据库（经合组织的行业层面跨国面板数据库）进行了实证研究，研究结果表明，自动化对就业的“补偿效应”是相当大的，抵消了“替代效应”，TFP（自动化）的提高会对总就业产生正的净效应。Prettner and Strulik（2017）[31] 构建的模型中包含两种类型的劳动力：与机器互补的高技能劳动力和替代机器的低技能劳动力。新技术与高技能工人具有互补性，而对低技能工人具有替代作用，因为（至少在目前的技术状态下）高技能劳动力比低技能劳动力更难实现自动化，自动化提高了高技能工人的生产率和收入，但会让低技能工人的生产率保持不变。

还有一部分学者研究指出，自动化对就业的影响取决于多种特定因素，如需求弹性、通货膨胀率、制度和政策等。Bessen（2018）[57] 指出，人工智能对就业的影响取决于需求的性质：当需求缺乏弹性时，自动化会导致就业率下降；而当需求具有弹性时，则对就业会产生积极影响。在机器人和自动化背景下，新的计算机技术与制造业的就业下降有关（制造业的需求通常得到满足），同时与需求未饱和的非制造业的就业增长有关。Mutascu（2021）[58] 基于 1998—2016 年间 23 个国家的面板数据进行了实证研究，研究结果表明，受通货膨胀水平的制约，人工智能与失业之间存在非线性关系。当通货膨胀率低于预期时，人工智能的应用会提高就业率，随着通货膨胀趋于上升，这种积极影响逐渐减弱；当通货膨胀率高于预期时，“菲利普斯效应”（Phillips effect）就会消失，人工智能的应用对失业率没有影响。Aghion et al.（2019）[59] 认为，人工智能和自动化对经济增长和就业的影响在很大程度上取决于制度和政策。没有受过教育的工人比受过教育的工人更容易受到自动化的负面影响，这一发现表明，不完善的劳动力市场和教育政策降低了人工智能和自动化对就业的积极影响。

最后，关于自动化对就业的影响，Ernst et al.（2019）[60] 持审慎立场，指出基于人工智能的创新对就业的影响“仍然高度不确定”。Abbasabadi & Soleimani（2020）[61] 选择三个技术指标（信息和通信技术发展指数、数字指数和技术成熟度），基于 163 个国家 2016 年的截面数据，采用普通最小二乘法（ordinary least squares，OLS）和广义最小二乘法（generalized least squares，GLS）估计方法进行实证研究，结果显示，失业率与数字技术指标之间存在显著的二次多项式关系。因此，可以表明，随着数字技术的发展，失业率增长到最大值，然后随着技术扩张超过某一特定值而开始下降。

关于中国人工智能发展对就业的影响，国内学者进行了比较丰富的研究。其中，部分学者认为人工智能会降低劳动力需求（王永钦和董雯，2020[62]；孔高文等，2020[38]）；另一部分学者则指出人工智能总体上会增加劳动力需求（吕荣杰和郝力晓，2018[63]；吴清军等，2019[64]；康茜和林光华，2021[65]；李宏兵等，2020[39]；沈洋和张秀武，2024[66]）；还有一部分学者则研究认为，人工智能在短期内会降低劳动力需求，但是在中长期内则会增加劳动力需求（王晓娟等，2022[67]）。王永钦和董雯（2020）[62] 基于中国行业机器人应用数据和制造业上市公司微观数据，从企业层面研究了工业机器人应用对中国劳动力市场的影响，结果表明，机器人应用对企业的劳动力需求产生一定的替代效应，工业机器人渗透度每增加 1%，企业的劳动力需求就下降 0.18%。孔高文等（2020）[38] 联合地区层面与行业层面的机器人应用数据，考察了机器人应用对中国劳动力市场的影响，研究发现，机器人应用规模的扩大会显著降低本地未来一年的劳动力就业水平，尤其是容易被机器替代的行业。吕荣杰和郝力晓（2018）[63] 基于 2010—2016 年我国 31 个省份的非平衡面板数据，检验了人工智能对就业人数和工资收入的影响，结果表明，人工智能的发展促进了劳动力就业，但在一定程度上替代了乡村劳动力，并且人工智能的发展并没有使我国劳动力市场出现工资极化现象。康茜和林光华（2021）[65] 基于 2007—2017 年中国 30 个省（自治区、直辖市）面板数据的研究表明，工业机器人对就业具有显著的正向影响，分别显著增加了东中部和东北地区工业就业、东北地区工业技能就业以及东部和东北地区工业非技能就业。李宏兵等（2020）[39] 基于 2001—2016 年我国省级面板数据，实证检验了工业智能化对劳动力就业和工资的影响，研究发现，工业智能化显著促进了我国就业增长，且对中西部地区和高技能劳动力的就业促进作用更为明显。邸俊鹏等（2023）[68] 基于 2004—2018 年省级制造业工业机器人数据和制造业行业层面数据研究表明，工业机器人的使用显著提高了制造业劳动力市场整体就业，对制造业劳动力市场的生产力效应和就业创造效应强于替代效应。沈洋和张秀武（2024）[66] 基于 2006—2021 年中国 269 个城市的面板数据研究表明，工业智能化对劳动力的影响总体呈现"创造效应"，即先进的数字技术创造了更多的工作岗位，劳动力市场中的岗位供给在总体上表现为动态增加。吴清军等（2019）[64] 选取了电商行业 S 平台为研究对象，具体测算了人工智能对就业的实际影响，研究表明，在商品流通领域，人工智能对就业的正向促进超过了负向冲击。人工智能在短期内会对电商的就业带来一定的消极影响，但从长远来看，人工智能会为整个行业带来更多的就业机会。王晓娟等（2022）[67] 研究发现，从短期来看，工业机器人应用对制造业就业数量存在负向冲击，工业机器人渗透度每增加 1 个单位，就业人员总量减少 0.391%；现阶段机器人应用对就业的影响更多表现为替代效应，并且对其上下游产业存在负向的溢出效应；从中长期来看，机器人应用对制造业就业数量会产生正向影响，长期的就业影响更多地表现为创造效应；经济越发达、机器人渗透度越高、技术水平越高的地区，其就业替代效应越显著。

第五节　人工智能对就业的技能结构影响

学者们认为，工作是由一系列的任务组成的，人工智能等自动化技术是在任务执行过程中形成对工人的替代，并且人工智能对不同类型工作任务的替代性具有显著性差异，而不同类型工作任务主要由不同类型工人承担，不同类型的工作任务在部门间的分布也是不平衡的。因此，人工智能的发展会带来就业结构的变化。在人工智能发展的影响下，就业结构的变化主要体现为就业的技能结构变化和就业的部门结构变化。

Autor et al.（2006）[16] 指出，常规认知和操作型任务主要由中等技能工人承担；

非常规操作型任务主要由低技能工人承担；非常规认知任务则主要由高技能工人承担。此外，这一关于任务类型和不同技能工人对应关系的论断也普遍为学者们所接受。因此，人工智能的发展对不同工作任务的差异性影响会直接体现为对不同技能工人的差异性影响。

首先，自动化主要替代了常规任务，因此会直接导致中等技能工人的就业率下降。Autor et al.（2006）[16] 认为，计算机直接替代了许多需要支付中等工资的常规任务。Feng & Graetz（2015）[17] 研究指出，在工人与任务均衡匹配状态下，低技能工人和高技能工人都不会受到自动化程度提高的影响，中等技能工人被直接替代及随后的再就业过程，引发了就业结构的极化现象，并导致两端工资的增长速度超过了中间工资。Gray（2013）[69] 指出，20 世纪上半叶美国的电气化导致相对于低技能工人和高技能工人分别执行的操作型和文书任务，中等技能工人执行的灵巧密集型任务的需求下降。Michaels et al.（2014）[25] 表明，ICT 技术取代常规任务导致中等技能工人的就业机会减少。Autor & Dorn（2013）[36] 实证研究了美国 1980—2005 年间就业和工资的两极分化现象，即高技能、高工资职业和低技能、低工资职业的就业机会不断扩大，中等技能、中等工资的白领和蓝领的就业机会在减少，原因在于消费者偏好之间的相互作用，以及常规、可编码任务的自动化成本下降。从经验事实来看，中等技能工人就业和工资相对于低技能工人与高技能工人有所下降的两极分化现象也确实得到了充分的证实。 在过去 30 年中，在许多工业化国家，中等收入职业的就业份额相对于高收入和低收入职业的就业份额都有所下降（Autor & Dorn, 2013[36]）。Goos et al.（2014）[20] 指出，中等工资职业的就业占比下降而高工资和低工资职业的就业占比增加这一现象，在1993—2006年间出现在16个欧洲国家中的每一个国家。自20世纪80年代以来，美国高技能和低技能职业的就业比例都有所上升，而中等技能职业的就业比例则有所下降（Acemoglu & Autor，2011[21]；Autor et al.，2008[22]；Jaimovich et al.，2020[27]）。来自德国（Spitz–Oener，2006[70]；Antonczyk et al.，2010[71]；Goos et al.，2009[72]）、英国（Goos & Manning，2007[24]；Oesch & Rodriguez，2011[73]）的研究也证实了这些普遍的模式，即在工资分配的中间阶段，就业人数减少，而劳动力转移往往会增加尾部的就业人数。为了解释工业化国家普遍出现的两极分化现象，学者们提出了常规偏向型技术变革（regular–skill biased technological change，RBTC）的概念。技能偏向型技术变革（skill–biased technological change，SBTC）对技能溢价现象进行了很好的解释，但是无法解释两极分化现象。RBTC 强调，新的机器和计算机取代了从事常规任务含量高的职业的工人，使得非常规任务相对于常规任务对劳动力的需求增加，从而较好地解释了两极分化现象。Wang

（2020）[18] 指出，自 20 世纪 80 年代以来，许多发达国家中的中等收入职业的就业份额有所下降，而其工资相对于分布的顶端和底端有所下降。对这种就业和工资两极分化的假设解释是一种 RBTC 的现象，在这种现象中，新的机器和计算机取代了常规任务含量高的中等收入职业的工人。

其次，关于人工智能是否直接影响了低技能工人尚存在争议。大多数学者认为，自动化对低技能工人没有直接影响。Autor et al.（2006）[16] 认为，自动化对低工资的非常规任务几乎没有直接影响。Feng & Graetz（2015）[17] 研究指出，在工人与任务均衡匹配的状态下，低技能工人和高技能工人都不会受到自动化程度提高的影响。服务职业的操作型任务不太容易受到自动化的影响，因为它们需要更高程度的灵活性和身体适应性（Autor et al.，2003[15]；Goos & Manning，2007[24]；Autor & Dorn，2013[36]）。但也有部分学者研究指出，自动化（首先）替代了低技能工人，降低了低技能工人的就业率。Hemous & Olsen（2016）[32] 和 Martinez（2018）[6] 认为，自动化意味着允许用生产中的机器替换低技能工人。Prettner & Strulik（2017）[31] 则认为，新技术（机器）对低技能工人具有替代作用，与高技能工人则具有互补性。Acemoglu & Restrepo（2020）[54] 通过美国 1990—2007 年间通勤区的证据表明，那些更容易使用工业机器人的行业的就业率和实际工资都大幅下降，其中负面影响集中在技能分布低端的蓝领工人身上。Balsmeier & Woerter（2019）[30] 通过来自瑞士的代表性调查数据指出，数字化投资的增加与高技能工人和技术工人就业的增加有关，低技能工人就业减少，净效应略为正。这就表明，大多数面临自动化风险的任务都是由技术水平相当低到中等的员工执行的，而采用数字技术产生的大多数新任务则是对高技能劳动力的补充。Graetz & Michaels（2018）[43] 基于 1993—2007 年间 17 个国家的一组行业数据进行研究，结果表明，对工业机器人的投资与生产率的快速增长和较高的工资相关，但也对低技能和中等技能工人的就业产生了一些负面影响，有证据表明，机器人减少了低技能和中等技能工人的工作时间。

再次，一些学者认为自动化技术与高技能工人具有互补性。Autor et al.（2006）[16] 认为，自动化有力地补充了高工资的抽象（非常规认知）任务。Feng & Graetz（2015）[17] 研究指出，随着计算机价格的下降，解决问题的技能变得更具生产率，这就解释了为什么在涉及认知任务的工作中具有相对优势的技术工人就业人数可以大幅增长，以及教育回报可以持续增长（Katz & Murphy，1992[74]；Acemoglu，2002[75]；Autor & Dorn，2013[36]）。Prettner & Strulik（2017）[31] 指出，自动化技术与高技能工人具有互补性，提高了高技能工人的生产率和收入。Balsmeier & Woerter（2019）[30] 指出，数字化投资的增加与高技能工人和技术工人就业的增加有关，表明采用数字技术产生的大多数新任务则是对高技能劳动力的补充。

此外，Acemoglu & Restrepo（2017）[29] 指出，高技能和低技能工人在任务生产中均与机器相竞争，高技能（低技能）自动化对应于高技能（低技能）劳动力被资本接管，其中，高技能工人所承担的复杂任务正逐步进入自动化的初期阶段，这得益于人工智能、大数据和机器人技术的新发展。

关于中国人工智能的发展对就业技能结构的影响，陈晓等（2020）[76] 基于2004—2017 年 30 个省份面板数据的研究表明，工业智能化替代了中等技能劳动力，并增加了高等技能劳动力需求。杨骁等（2020）[77] 将数字经济发展指数与 CLDS 微观调查数据相结合，实证分析我国数字经济对我国就业结构的影响，其结果表明，数字经济调整和优化我国就业结构，具体表现为制造业就业以先降后升的正 U 形影响模式优化升级。邸俊鹏等（2023）[68] 研究表明，工业机器人显著提升了高技能和低技能工人的就业率，却显著降低了中等技能工人的就业率，表现为就业“极化”效应。陈琳等（2024）[78] 研究发现，尽管人工智能降低了企业对常规职业劳动力的需求，却增加了企业对非常规职业劳动力的需求，这主要来自对非常规认知型职业（如管理类、技术类等）需求的增加。人工智能的就业创造效应不仅体现在内涵上，即对已有非常规职业劳动力需求数量的增加；还表现在外延的拓展上，即人工智能拓展了非常规职业的工作岗位数和岗位类别，还催生了对新兴职业和新兴岗位的需求。李小瑛和张宇平（2024）[79] 基于 2021 年广东省“企业－员工”匹配调查数据研究指出，机器人的使用同时扩大了高、中等、低技能工人的就业数量，而中等技能工人的增幅最大，使得企业技能结构出现中等技能极化的现象。

第六节　人工智能对就业的部门结构影响

由于不同工作任务在不同行业、产业间的分布具有不平衡性，因此，人工智能对不同工作任务的差异性影响会导致其对不同行业、产业就业的差异性影响，也会带来就业的部门结构的变化。Frey & Osborne（2017）[80] 认为，当前人工智能的应用和发展尚未对农业部门的就业总量产生较为显著的影响。多数学者认为自动化主要导致制造业中的劳动力逐渐被人工智能取代（Acemoglu & Restrepo，2017[14]；Graetz & Michaels，2018[43]）。但也有不同的观点，如 Chiacchio et al.（2018）[53] 研究指出，人工智能对制造业就业的影响并不显著，认为其原因可能在于，人工智能对制造业内部从事不同职业劳动力的不同影响具有相互抵消作用。Gordon（2016）[3] 研究认为，自动化技术对服务业的影响程度较小。

Dauth et al.（2017）[56] 研究了德国机器人应用对就业市场的影响，结果显示，每个机器人的应用会破坏两个制造业就业岗位，不过这一损失完全被服务业新增岗位所弥补。Huang & Rust（2020）[81] 指出，在后工业时代，当低技能工作被机器取代时，每个发达经济体中都会出现工作需求从制造业向服务业转移的现象。Bessen（2019）[82] 研究表明，计算机的使用与制造业就业人数的下降有关，但是会在非制造业创造相对更大的就业需求。Autor & Dorn（2013）[36] 通过理论模型和实证研究证明了自动化带来的劳动力市场的结构性转变，研究表明，自动化使低技能工人从常规任务密集型职业转向服务型职业，原因是服务业的体力劳动较难被计算机操作所取代，它们需要更高的灵活性和身体适应能力。这一现象解释了 1980—2005 年间，美国劳动力从中等收入制造业向低收入服务业的重新分配趋势。

国内关于人工智能发展对就业的部门结构影响的研究比较稀缺。李宏兵等（2020）[39] 基于 2001—2016 年我国省级面板数据实证研究指出，从产业来看，人工智能等技术的发展突飞猛进，使劳动力在产业间的流动由“递增式”转变为“跳跃式”，即新技术所带来的技术进步会使劳动力大幅流向第三产业，而第二产业的就业比例变化不大。黄祺雨等（2023）[83] 采用中国家庭追踪调查（CFPS）数据研究指出，数字经济发展抑制了劳动力从事第一产业，促进了劳动力从事包括第二、三产业在内的非农工作。

第六章　人工智能对要素收入份额的影响

第一节　要素收入分配研究的起源与兴起

经济发展中有关劳动份额与资本份额之间的划分，属于国民收入初次分配问题。国民收入初次分配是指在创造它的物质生产领域进行的分配，直接与生产要素相联系，体现的是各种生产要素在参与生产过程中所获得的报酬（占比）情况，因此也称为要素收入分配或功能性收入分配。国民收入初次分配主要由市场机制所形成，生产要素价格由市场供求关系决定。与之相对应，国民收入再分配是指在国民收入初次分配的基础上，政府通过税收杠杆和法律法规进行再次调节的过程。经过政府再次调节后最终所形成的各类收入在国民（个人、家庭或住户）之间的分布状况称为规模性收入分配或个人收入分配。"现代收入分配理论的巨大奥秘在于，为何所有人都认为有关工资份额与利润份额的划分是一个有趣的问题。"（Blaug，1996[84]）

要素收入分配问题的研究起源于古典经济学（18 世纪后期）。古典经济学将收入在土地、劳动和资本之间的分配作为经济学的一个核心内容，并且认为这属于政治经济学问题，其中，权力、阶级关系在要素收入分配中起着重要作用。大卫·李嘉图说："土地产品，即将劳动、机械与资本联合运用在地面上所取得的最终收获，将在土地所有者、耕种所需的资本的所有者以及进行耕种工作的劳动者这三大社会阶层之间进行分配……确立其分配法则成为政治经济学中的核心问题。"（Ricardo，1911[85]）

要素收入分配问题的研究兴起于 18 世纪末期。为了解释现实中的劳动收入和资本收入间的比例关系，马克思主义、新古典主义及后凯恩斯主义理论相继建立起各自的要素分配理论。因此，收入分配理论仍然遵循着古典经济学的研究思路——从生产要素的角度研究收入分配，但是这时抽掉了权力、阶级的影响。要素收入分配作为收入分配问题的聚焦点，成为学者们的重要兴趣所在，在 18 世纪和 19 世纪的经济学研究领域中占据主流地位，这种兴趣一直持续到 20 世纪。

在20世纪60年代的经济学教科书中，要素收入分配具有突出地位，在学术研究中也同样如此（Atkinson，2009[86]）。正如Andrew Glyn在他的经济学手册中所指出，20世纪60年代中期的收入分配国际学术会议以要素收入份额作为主要议题，要素收入份额作为研究主题占据了七个理论章节中的六个章节以及六个经验研究章节中的五个章节（Marchal & Ducros，1968[87]）。

通过对20世纪20—30年代英美两国劳动收入份额进行考察，Keynes发现，劳动收入在国民收入中所占的比例具有稳定性，这一点与产出水平、经济周期均无关（Keynes，1939[88]）。在后来的研究中，Keynes关于劳动收入份额稳定性的发现被不断印证。1953年，基于1870—1938年间英国资本积累、收入分配和生产效率的相关数据研究，伦敦政治经济学院学者Phelps Brown & Weber发现，资本回报率、资本增长率以及国民收入在劳动和资本之间的分配比例等都具有一定的稳定性（Phelps Brown & Weber，1953[89]）。英国统计学家亚瑟·鲍利通过研究英国一战前一代人（1880—1913年）的要素收入分配，首次发现了“鲍利定律”（Kuznets，1955[90]）：劳动收入份额在GDP增长中的比例基本保持稳定；并且，这似乎不仅是短期现象，还是长期现象。1961年，英国经济学家Kaldor在其论文《资本积累和经济增长》（*Capital Accumulation and Economic Growth*）中指出，宏观经济领域中一些长期性的稳定关系普遍存在于英美和其他工业化国家，并将其归纳为经济发展中的六个典型事实，即著名的“卡尔多特征化事实”（Kaldor，1961[91]），其中，要素收入份额的稳定性被列为经济发展中“卡尔多六大特征化事实”之一。与此同时，通过将边际主义分析工具（“要素报酬由其边际生产力决定”）与柯布－道格拉斯函数（CD函数）相结合，新古典主义理论对要素收入份额稳定性给予了完美解释。要素收入份额在现实经济中的稳定性表现及新古典主义理论的有效解释使得要素收入分配逐渐不被重视，以至于教科书都不怎么关注它们，宏观经济学课程方面的书籍似乎都很乐意强调要素收入份额的相对稳定性，并且认为这可以由柯布－道格拉斯函数中生产要素收入与其边际产品价值相等的边际理论来完美解释（Atkinson，2009[86]）。此后，劳动收入份额稳定性被视为经济发展中的一个典型化事实，同时也成为对其长期变动趋势的一个预测。

劳动收入份额的稳定性及新古典主义理论的边际主义解释，几乎完全打消了经济学家对要素收入分配的研究积极性。然而，经济学家们发现，虽然劳动收入份额几乎保持不变，但是收入不平等现象却一直存在。因此，20世纪中期以后，经济学家的关注点由要素收入分配转向个人收入分配，即由研究不同要素间（劳动、资本）的分配问题转向研究不同个体间的收入分配问题。

直到20世纪80年代左右，研究发现欧洲国家的劳动收入份额实际上并不稳定，而是有趋势的变化，1980年前呈现逐渐增加的趋势，1980年后则出现下降趋势，与此同时，内生增长理论也为要素收入分配研究提供了相关理论基础，要素收入分配研究重新获得了重视（Bertoli & Farina，2017[92]）。随后，经验事实进一步表明，要素收入份额并非恒定不变，在20世纪中后期几乎出现了全球性的下降。Karabarbounis & Neiman（2014）[93]指出，自1975年以来，劳动收入份额在世界上绝大多数国家出现了普遍性下降现象，并认为投资品相对价格的下降是劳动收入份额下降的重要诱因。Piketty & Zucman（2014）[94]也指明劳动收入份额在过去40年间在世界范围内出现普遍性下降现象，但其主要归因于资本—产出比的上升。从理论上讲，要素收入份额的稳定性建立在以下两个假设的基础上：一是生产函数为柯布－道格拉斯函数，即要素替代弹性等于1；二是（劳动力、产品）市场完全竞争，即要素收入与其边际产品价值相等。因此，在这两个假设条件同时满足的情况下，要素收入份额才具有稳定性。然而，在现实经济中，垄断行为与不完全竞争市场大量存在。当存在偏向性技术进步时，要素产出弹性也并非常数。

因此，进入21世纪后，在继续关注个人收入分配的同时，学术界重新开始重视要素收入分配问题，有关要素收入分配的研究再度成为热门的话题，涌现出了大量的相关文献。其研究专题主要包括：①劳动收入份额下降趋势及其原因探讨；②基于有效需求理论研究要素收入份额变动的经济增长效应；③当存在市场摩擦时，要素收入份额在经济周期中的波动性；④要素收入分配与个人收入分配之间的相关性研究。此外，要素收入分配也引起了国际经济组织的重点关注，如国际货币基金组织、欧洲委员会、国际清算银行。

第二节　人工智能对劳动收入份额的影响

人工智能等自动化技术主要通过劳动需求效应对收入分配领域产生重要影响。这些技术与生产要素——劳动——进行直接竞争，人工智能在生产中替代了人工劳动，其产生的收入被输送给资本所有者，使得生产中劳动要素的贡献度下降，资本的贡献度上升。因此，人工智能的发展可能会导致初次分配中劳动收入份额的下降。

Autor and Salomons（2018）[35]认为劳动力在生产中被机器（人）替代体现为（至少）两种形式：①就业替代，即总就业率下降；②劳动份额替代，即经济中劳动报酬在增加值中所占份额被侵蚀。早期定量证据来源于Berman et al.

（1998）[95]，他们指出，生产工人在工资单中所占份额下降的 70% 左右可以用研发和计算机化来解释。另外一个早期贡献是 Zeira（1998）[96]，他首先观察到劳动替代型技术进步是一种长期现象，并构建了一个理论模型。该模型假设，最终产品由一系列连续的任务完成，执行任务所采用的两种技术中，人工技术只使用人工，自动化（或工业）技术只使用资本。随着新机器可用于任务生产，它们提高了工人的生产力和工资水平。企业通过在机器成本较低的任务中用机器（工业技术）取代工人（手工技术）来应对更高的工资。因此,任务自动化（更有效率）改变了柯布 – 道格拉斯函数的总指数，其特征在于增加资本密集度和减少劳动份额。

近些年来，随着全球人工智能浪潮的到来，关于自动化对要素收入份额的影响，成为收入分配领域新的研究热点及研究前沿。

Prettner（2016）[97] 将自动化资本引入标准的 Solow 模型中，作为独立于劳动力、机器资本之外的第三种生产要素，自动化资本是劳动的完全替代品，是机器的不完全替代品。由于机器和自动化资本结合在一起，尽管所有生产要素的边际收益都在减少，标准的柯布 – 道格拉斯函数中的实物资本回报率下降特征被克服，总实物资本存量的回报率保持不变。因此，随着自动化程度的提高，劳动收入份额将会下降。Prettner（2016）[97] 利用现有文献估计值和美国数据对模型中的参数进行校准，并将 2007 年工业机器人占发达经济体总资本存量的比例估计为 2.25%，并且假设它在 20 世纪 70 年代初接近于 0。模拟结果表明，近 40 年间，劳动力份额下降约 5.5 个百分点。Prettner（2016）[97] 指出，在 Karabarbounis & Neiman（2014）[93] 的研究中，从 20 世纪 70 年代初到 2010 年，全球劳动力份额下降约 5 个百分点。因此，其研究结论大致与实际数据相一致。

Hemous & Olsen（2016）[32] 通过关注两种类型的创新：新产品的创造和现有任务的自动化，建立了一个理解技术变革与收入分配相互作用的分析框架。在其构建的内生增长模型中，新产品的引入为水平创新，通过扩大商品品种集合，增加所有技能层次的工人需求，即同时增加对高技能和低技能工人的需求；自动化意味着允许用生产中的机器替换低技能工人，它以现有产品线的二次创新形式出现，会减少对低技能工人的需求，从而提升技能溢价，此外，低技能工人的高工资会激励自动化。水平创新即商品品种的增加，会提高所有工人的工资水平。自动化程度的提高则具有双重作用，既提高经济的整体生产力，又允许替代低技能工人，其对低技能工资的净效应是模糊的。不过，Hemous & Olsen（2016）[32] 指明，对于正常情况下的水平创新和自动化创新过程，低技能工资的渐进增长率必须是正的，尽管严格低于高技能工资的渐进增长率。通过对均衡路径的求解表明，经济发展遵循三个阶段：①技能工资水平低，自动化程度低，收入不平等程度和劳动份额不变。②持续的水平向创新（新产品的创造）增加了低技能工资，从而刺激了自动化。自动化提升了技能溢价，降低了未来低技能工资的增长率（可能为负），并降低了总的劳动份额。③自动化产品的份额趋于稳定，低技能工资的增长速度为正，但比高技能工资的增长速度要慢一些。Hemous & Olsen（2016）[32] 指出，如果由稀缺要素（如劳动力）执行的任务可能实现自动化（但目前这样做无利可图），那么在经济不断增长的情况下，该要素的报酬最终会上升到使自动化能提高盈利。一旦自动化被触发，经济将会从一个总生产函数转向另一个总生产函数，在其过渡阶段，要素报酬可能会下降，不过这是暂时性的。

Prettner & Strulik（2017）[31] 通过一个基于研发的世代交叠模型分析了自动化和教育对经济增长及不平等的影响，该模型包含两种类型的劳动力：与机器互补的高技能劳动力和替代机器的低技能劳动力。新技术与高技能劳动力具有互补性，而对低技能劳动力具有替代作用。模型的均衡求解表明，创新驱动的增长会导致自动化程度的提高、技能溢价的上升、大学毕业生占人口比例的增加、收入和财富不平等的增加以及劳动收入份额的下降。

在 Susskind（2017）[33] 构建的基于任务的自动化模型中，自动化首先替代低技能劳动力，但随着高级资本的发展，资本可以在高级任务中取代劳动力。

Dinlersoz & Wolf（2018）[98] 认为，投入要素的价格在企业间可能会有所差别，这是因为投入要素的品质相互间可能存在差异，如企业的资本存量包含自动化相关技术的程度不同。如果资本与劳动比率在行业内的差异是由相对投入成本差异决定的，那么对标准的柯布 – 道格拉斯函数假设的偏离是必要的。因此，Dinlersoz & Wolf（2018）[98] 在研究自动化与要素相对投入的关系时，采用了内生化技术选择的常替代弹性（CES）生产函数，生产单位根据要素价格的变化调整投入指数中资本和劳动的相对权重。Dinlersoz & Wolf（2018）[98] 运用美国人口调查局 1991 年制造业技术调查中的厂级数据进行了实证研究，其中，自动化程度由通过调查问卷得到的企业技术指数来衡量，属于离散变量。实证结果表明，规模越大、生产率越高的工厂往往更依赖于自动化，劳动份额越低。换言之，劳动份额较低的主要是大型、高度自动化和生产率高的工厂，从而为自动化、劳动和资本使用以及生产率在厂级层面的相互关系提供了微观证据。其研究结果与早期的生产率文献一起表明，自动化的应用可能是超级明星企业崛起的一种驱动机制。

在 Martinez（2018）[6] 构建的模型中，企业间具有不同的自动化程度：相对于其他企业，一些企业可以运用资本执行更大范围的生产任务。通过对不同自动化程度的公司进行加总，经济总产出可以表示为 CES 生产函数，资本和劳动总量作为要素投入，其中 TFP 和劳动份额参数（α）由自动化技术在企业间的分布决定。通过均衡求解，Martinez（2018）[6] 指出，这种总生产函数可以清晰地显示自动化对劳动收入份额的影响：如果自动化程度较高的企业继续提升自动化程度，劳动收入份额就会降低；但是，如果自动化程度较低的公司提升自动化程度，劳动收入份额就会上升。Martinez（2018）[6] 通过结合从 IPUMS-USA 数据库中获得的当前人口调查（current population survey，CPS）数据和来自美国职业信息网的任务数据，对生产过程中工人的任务投入进行了度量，并将数值模拟结果与来自 KLEMS 数据库的 1972—2010 年间美国的劳动收入份额数据进行了对比分析，发现自动化是 1972—2010 年间美国劳动收入份额下降的一个重要驱动因素。拟合模型能够解释制造业劳动收入份额下降的一半以上。不过，该模型无法解释 2000 年后美国劳动收入份额急剧下降的现象，尤其是在制造业自动化方面。Martinez（2018）[6] 认为，这可能是离岸外包及其他国际竞争因素的影响效应在增强。

Autor & Salomons（2018）[35] 认为技术革新是用机器替代工人。劳动力在生产中被替代体现为（至少）两种形式：就业替代，即总就业率下降；或劳动份额替代，即经济中劳动报酬在增加值中所占份额被侵蚀。然而，这种资本—劳动替代不必减少总劳动需求，因为它同时引发了四种效应：①本行业的直接效应；②跨行业的投入—产出效应；③行业间的转移效应；④最终的需求效应。其中，后三种效应均属于间接效应。Autor & Salomons（2018）[35] 在进行实证研究时，使用了 2008 年版本的 EU KLEMS 数据库（经合组织的行业层面跨国面板数据库），并补充了 2007 年和 2011 年版本的数据，以提高数据覆盖率。主要分析样本包括欧盟的 19 个发达国家（不包括其东欧成员）和澳大利亚、加拿大、日本、韩国以及美国，涵盖的时间段为 1970—2007 年。Autor & Salomons（2018）[35] 将行业 TFP 的变动作为自动化的衡量指标，对其引发的四种效应进行了量化分析。研究发现：①在其发源行业，自动化取代了就业并降低了劳动收入份额（直接影响），其中，发源行业 TFP 每增加 1 个标准差（2.58 个百分点），本行业就业人数下降约 2 个百分点，即就业的 TFP 弹性约为 0.80；TFP 每增加 1 个标准差，在五年期内，该行业的劳动收入份额在总增加值中占比约下降 0.55 个百分点。②通过四种效应的加总效应（净效应）来看，在就业方面，这些本行业损失会通过关联行业的间接收益和总需求的增加得到弥补，而相比之下，本行业的劳动份额损失却不能在其他地方得到弥补。TFP 提高会对总就业产生正的净效应，每年使就业率提高 0.48 个百分点，整个 37 年间（1970—2007 年）总计约 18 个百分点（$0.48 \times 37 = 17.8$）；TFP 提高对劳动收入份额产生的净效应为负，每年使劳动份额下降 0.27 个百分点，整个 37 年间（1970—2007 年）总计约 10 个百分点（$0.27 \times 37 = 9.9$）。Autor & Salomons（2018）[35] 认为，其分析框架可以在很大程度上对就业在行业间的重新分配及过去 30 年来劳动收入份额的总体下降作出解释，不过，他指出，由于以行业 TFP 的变动作为自动化的衡量指标，因此无法区分基于自动化的和不是基于自动化的 TFP 增长所带来的不同影响。

Guimaraes & Gil（2019）[99] 认为，企业通常在两种技术之间进行选择：自动化技术和人工技术。因此，自动化程度的提高意味着更多的企业选择了自动化技术。劳动收入份额反映的是平均工资水平（相对于产出）和企业在两种技术之间的分布。理论模型分析表明，机器生产率的提高会激励资源从人工技术到自动化技术的重新分配，从而导致劳动力被取代。Guimaraes & Gil（2019）[99] 通过采用美国 1967—1987 年和 1987—2007 年两个时间段内的数据对理论模型分别进行了校准，数值模拟结果表明，自动化增强的冲击降低了劳动收入份额，但提高了就业率和工资；相对于自动化技术，劳动市场制度在解释劳动收入份额方面发挥的作用很小；由于自动化生产率的加速，美国的劳动收入份额在 20 世纪 80 年代后期开始（明显）下降。

尽管国外研究主要表明人工智能的发展降低了劳动收入份额，但国内学者关于人工智能的发展是否降低了劳动收入份额尚存在争议。其可能的原因为，不同学者实证研究中的人工智能变量在衡量指标上具有较大差异性。例如，郑景丽等（2024）[100] 以每万人拥有的人工智能企业数量作为城市人工智能应用水平的替代指标，这一关于人工智能的衡量指标显然比较粗糙。杨飞（2022）[101] 研究认为，替代效应和后向关联效应降低了劳动收入份额；而新工作创造效应、资本积累效应、生产率效应和前向关联效应提高了劳动收入份额。何小钢等（2023）[102] 基于 2000—2013 年中国工业企业数据库与中国海关数据库的匹配数据研究发现，机器人应用通过资本—劳动替代效应、工资率效应和生产率效应导致劳动收入份额下降。王丽媛和李繁荣（2024）[103] 通过理论分析指出，当且仅当服务业劳动收入份额高于第二产业且工业智能化促使产业结构服务化时，人工智能可以提高劳动收入份额；否则，人工智能会降低劳动收入份额。通过实证研究表明，目前人工智能应用水平上升 1%，会导致劳动收入份额下降 0.054 个单位。易苗等（2024）[104] 利用中国工业企业微观加总数据研究发现，机器人应用不仅降低了平均的劳动收入份额，而且加剧了省份—行业内“企业规模越大、劳动收入份额越低”的负向结构效应，进而降低了总体加权劳动收入份额。郑景丽等（2024）[100]运用 2010—2021 年中国城市与企业层面面板数据研究发现，人工智能应用在宏观和微观层面均有利于增加劳动收入份额，该结论在经过工具变量法、机器学习法估计等一系列稳健性检验后依然成立。在宏观层面，人工智能可以通过产业结构高级化增加劳动收入份额；在微观层面，人工智能可以通过提高创新质量、创新效率与 TFP 来增加劳动收入份额。何勤和李鑫悦（2024）[105]基于 2007—2022 年沪深 A 股上市公司数据研究发现，人工智能技术和应用对企业利润与工资收入分配的影响呈 U 字形，即在人工智能技术和应用发展的早期，利润与工资的比率不断下降，差距逐渐缩小；但当人工智能技术和应用超过阈值时，利润不断吞噬工资，导致两者之间的差距逐渐扩大。

第七章　人工智能对工资收入的影响

第一节　人工智能对工作任务溢价的影响

Korinek & Stiglitz（2018）[4] 指出，人工智能等技术通过两种渠道影响收入分配：①技术的创新者能够凭借市场势力获取正的经济利润，由此获得创新者盈余，又称创新者租金；②技术创新改变了对不同要素的相对需求，从而引起均衡中要素价格的相对变化。人工智能通过直接取代某种特定类型的人类劳动，减少该类型劳动力的需求，从而降低其工资水平。例如，自动驾驶汽车可能会降低司机的工资，或者放射科阅读人工智能可能会降低传统放射科医生的工资。相反，人工智能的发展提高了计算机科学家的需求量，并大大提高了他们的工资，特别是在与人工智能直接相关的领域。

现实经济中，生产过程通常是完成一系列可以由劳动或资本执行的工作任务，人工智能的发展意味着在完成工作任务时用自动化替代手工劳动。企业之所以选择采用人工智能技术完成某种类型的工作任务，即用自动化替代人工，是因为用自动化执行任务相较于人工具有更高的生产率。因此，该类型工作任务的生产率因人工智能的应用而得以提高，这将会加大生产中对该类型工作任务的需求，进而使得生产过程中该类型工作任务的边际生产力下降，同时导致工作任务报酬下降，最终使得不同工作任务间相对溢价发生变化。

不过，尽管学者们对于人工智能对工资结构的影响进行了比较丰富的研究，但是，关于人工智能对工作任务溢价影响的研究则比较少。都阳等（2017）[13] 利用中国城市劳动力调查数据研究发现，即便在控制受教育水平后，工作任务的配置仍会对劳动力市场回报产生显著影响。对于不同类型的工作任务，其劳动力市场的回报有很大差异，“非常规、认知型的分析型任务”的回报最高，即便控制了受教育程度，执行此类任务的技能可以获得约 70% 的额外回报；“非常规、认知型的互动型任务”回归系数则未处于统计显著水平；执行常规认知型任务会使劳动者的劳动力市场回报降低 32% ～ 34%；执行劳动密集型的操作型任务，有大约 20% 的劳动力市场溢价。可见，不同类型工作任务在生产过程中具有不同的任务报酬。余玲铮等（2021）[106] 利用“企业—工人”匹配数据的经验证据表明，工业机器人的引入使非常规任务工资大幅增长，非常规任务相对工资增长，从而拉大了非常规任务与常规任务间的工资差距。

第二节　人工智能对技能溢价的影响

关于不同类型工作任务与不同技能工人间的对应关系，学者们已普遍达成共识，即常规任务主要由中等技能工人承担，非常规操作型任务主要由低技能工人承担，非常规认知任务则主要由高技能工人承担。因此，人工智能的发展对不同工作任务报酬的差异性影响会形成对不同技能工人报酬的差异性影响。

如果只将工人划分为低技能和高技能两种类型，人工智能对低技能工人的替代性大于对高技能工人的替代性。人工智能主要替代了进行重复劳动的生产线工人、普通行政与财务人员、银行柜员等岗位劳动者，也在逐渐加大对客服、前台、酒店和餐厅服务员、快递员等岗位劳动者的替代力度，但是对于高级管理人员和专业人员却几乎无法替代。当人工智能等自动化技术主要替代的是低技能工人时，在生产最终产品所需完成的任务区间 $\left[0;q\right]$ 中，数值越大，表示任务越高级且越有难度，需要更高技能的工人来完成。那么，人工智能的发展将会减少低技能工人的相对需求，从而提高技能溢价。在部分学者的研究中，自动化正是被认为（首先）替代的是低技能工人，因此提高了技能溢价（Acemoglu & Restrepo，2017[29]；Hemous & Olsen，2016[32]）。Frey & Osborne（2017）[80] 认为，一个职业的平均受教育程度与该职业自动化的概率高度负相关；在 Hemous & Olsen（2016）[32] 所构建的模型中，自动化意味着允许用生产中的机器替代低技能工人，它以现有产品线的二次创新形式出现，会减少对低技能工人的需求，从而提升技能溢价。Hemous & Olsen（2016）[32] 还指出，这与美国过去几十年的经验是一致的。

Prettner & Strulik（2017）[31] 指出，至少在目前的技术状态下，高技能工人比低技能工人更难实现自动化。在其构建的世代交叠模型中，新技术（机器）对低技能工人具有替代作用，而与高技能工人则具有互补性。因此，创新驱动的增长会提高自动化程度，并推升技能溢价。自动化提高了高技能工人的生产率和收入，但会让低技能工人的生产率保持不变。在其构建的世代交叠模型中，个人存活两期。个人首先作为年轻人进入经济，并配备中学教育（高中或更低）。个人被赋予一个单位的时间，并决定是否花费特定长度的时间 η 进行学习，以获得更高学历，从而成为高技能工人；青年时期的剩余时间被贡献给劳动市场。退休后，他们作为老年人再存活一期。个人在从高等院校毕业的能力上存在差异，这种差异表现为学习带来的负效用（或努力）。因此，社会将工人划分为高技能工人和低技能工人。总共有三种生产要素，即上述两种类型的工人和以机器及机器人形式存在的物质资本。低技能工人只能在最终产品部门工作，完成可由机器执行的任务；高技能工人作为最终产品部门的工人，负责完成难以自动化的任务，或者作为研发部门的工人开发新技术（工程师和科学家）。模型的均衡求解表明，创新驱动的增长会导致自动化程度的提高、技能溢价的上升、大学毕业生占人口比例的增加、收入和财富不平等的增加以及劳动收入份额的下降。自动化带来的技能溢价的上升会促使越来越多的人选择接受高等教育。因此，Prettner & Strulik（2017）[31] 认为，由于教育和技术是内生的，收入向低技能工人的重新分配实际上可能不会改善低技能工人的可支配收入。关于实际经济，Prettner & Strulik（2017）[31] 将受过高等教育的个人定义为高技能工人，指出他们的工资水平以及在劳动力中占比在整个 20 世纪持续增加，而那些没有受过高等教育的无法从创新和技术变革中获益的人，在与技术的竞争中成为失败方。

姚笛等（2023）[107] 采用 2010—2019 年中国上市公司数据，考察机器人应用对企业内工资差距的偏向性影响及其作用机制。研究发现，机器人应用显著扩大了企业内任务工资差距和技能工资差距。李志强等（2022）[108] 利用 2018 年全国流动人口和城市截面数据的实证研究表明，人工智能技术显著扩大了技能溢价，其中集聚经济和创业活跃度是影响技能溢价的主要路径；进一步研究发现，人工智能技术对技能溢价的影响存在群体效应和选择效应，在工作稳定和高收入群体、流动时间较长和市外流动的群体中，人工智能技术的技能偏向性更加明显。姜琪等（2024）[109] 利用中国劳动力动态调查数据（CLDS）研究发现，人工智能对高学历劳动力具有更为显著的就业创造效应，从而加剧学历工资差距。

第三节　人工智能对工资极化的影响

在过去 30 多年里，在许多工业化国家，中等收入职业的就业份额相对于高收入和低收入职业的就业份额都有所下降（Autor & Dorn，2013[36]）。Goos et al.（2014）[20] 记录了这一现象在 1993—2006 年期间出现在 16 个欧洲国家中的每一个国家，在所有 16 个国家中，中等工资职业占就业的比例下降，未加权平均比例降低 8 个百分点，而高工资和低工资职业就业占比绝大多数增加。Autor et al.（2006）[16] 指出，美国各职业就业增长从 20 世纪 80 年代工资（教育）的单调增长转变为，相对于 20 世纪 80 年代工资（教育）分布的中间层，上下两层的就业增长更为迅速的模式，并将这些模式描述为美国劳动力市场的“两极分化”，即就业分化为高工资和低工资工作，而不是中等工资工作。20 世纪 90 年代和 20 世纪 80 年代的就业增长模式有很大不同，相对于工资（和技能）分布的中间部分，底层和顶层的就业（职业）增长更快。

传统的 SBTC 假设对技能溢价现象作出了很好的解释，但是无法解释两极分化现象。SBTC 假设认为，计算机的采用使需求转向了受过更多教育的高技能工人。因此，它预测，相对于对非技能工作的需求，对技能工作的需求将上升。然而，来自欧美发达国家 20 世纪 90 年代之后的就业增长的证据并不支持 SBTC 的说法。

Autor et al.（2006）[16] 考察了计算能力的实际价格下降如何导致工资的两极分化。Autor et al.（2006）[16] 将工作任务划分为抽象任务、常规任务和非常规操作型任务，大致对应于按收入或教育程度衡量的高、中等和低技能职业。经济中具有两种类型工人，大学毕业生可以从事抽象任务，高中毕业生可以在常规任务和非常规操作型任务之间自由替换。其模型中的外生驱动力是近几十年来计算能力价格的急剧下降。计算机化意味着计算能力价格的下降，从而降低了常规任务输入的价格，增加了对常规任务的需求。

Autor et al.（2006）[16] 假定生产函数为柯布－道格拉斯函数 $Y = A^{\alpha} R^{\beta} M^{\gamma}$，$\alpha,\beta,\gamma \in (0,1)$，$\alpha+\beta+\gamma=1$。其中，$A$ 为抽象任务、R 为常规任务、M 为非常规操作型任务。常规任务 R 由人工或计算机资本完成，其他任务由人工完成。计算机资本以价格 ρ 提供给常规任务，价格随着时间的推移以外生的速度下降。大学生比例为 $\theta \in (0,1)$，能完成 1 单位抽象任务，高中毕业生比例为 $1-\theta$，能完成 1 单位非常规操作型任务，$\eta \in [0\ ,\ 1]$ 单位常规任务。抽象任务 A、非常规操作型任务 M、常规任务 R 的工资水平分别为 w_A、w_M、w_R。如果 $\eta_i < w_M / w_R$，高中毕业生会从事非常规操作型任务；反之，则从事常规任务。

模型的均衡条件为：①总需求等于总供给；②要素价格等于边际产出；③要素市场出清，没有工人再转换工作类型。计算机资产价格 $\rho=w_R$，ρ 下降，增加对常规任务的需求，提高非常规操作型任务、抽象任务边际生产力，使 w_M / w_R

明显提高。因此，ρ下降对各类型任务的工资水平带来冲击。首先，它直接降低了中等技能任务的工资；其次，它通过 q 互补性提高了高技能（抽象）任务的工资；最后，它对低技能（手工）任务的工资有模糊的影响，因为 q 互补性和从常规任务转移来的工人产生的额外劳动力供应具有抵消影响。因此，在其模型中，计算机化总是引起"上尾"不平等，即抽象任务和常规任务之间的工资差距。但它既可以扩大也可以压缩"下尾"不平等，即日常工作和体力工作之间的工资差距取决于 q 互补性还是劳动力供给效应占主导地位。

Autor et al.（2006）[16] 认为，计算机资本价格的下降导致常规任务报酬相对于非常规操作型任务报酬、非常规认知任务报酬的下降，这成为过去 15 年里美国出现工资极化的主要原因。Acemoglu & Autor（2011）[21] 构建了李嘉图工作任务模型，在该模型中，技能与工作任务的匹配是内生的，工作任务替代型技术变革主要是使机器替代执行常规任务的中等技能劳动力，从而降低对中等技能劳动力的需求，进而引起工资极化。Autor & Dorn（2013）[36] 通过构建理论模型与实证研究指出，美国 1980—2005 年间就业和工资的两极分化现象的原因在于消费者偏好之间的相互作用，以及常规、可编码任务的自动化成本下降。

Goos et al.（2014）[20] 直接指出，SBTC 经典模型忽视了工作任务，在现实经济中，劳动者通过将其技能应用于工作任务而获得工资，技能通过应用于工作任务实现产出。因此，当技术或劳动市场环境发生变化时，具有特定技能水平的劳动者将改变其工作任务组合。鉴于人工智能等自动化技术被认为主要是实现了常规任务机器化，而对于非常规任务没有影响或影响很小。因此，相对于 SBTC，Goos et al.（2014）[20] 正式提出了 RBTC，并指出，在过去三四十年间，人工智能等自动化技术得到了比较迅猛的发展，因此，这一时期内的技术变革主要属于 RBTC。RBTC 强调，人工智能等自动化技术主要取代了从事常规任务含量高的职业的劳动力，即中等技能劳动力，使得相对于高技能和低技能劳动力，中等技能劳动力需求下降了，从而较好地解释了两极分化现象。Goos et al.（2014）[20] 从 RBTC 和离岸外包两个方面解释了 1993—2010 年间 16 个西欧国家普遍存在的就业（工资）两极分化现象。

Cortes（2016）[19] 通过构建一个基于比较优势的工人与职业内生匹配的一般均衡模型，研究了 RBTC 对劳动者职业转型模式和工资变动的影响，并利用美国 1976—2007 年收入动态面板研究（PSID）的数据对模型预测进行了检验。理论预测与实证结论均表明，从事常规工作的工人工资增长明显低于从事任何其他类型职业的工人，即非常规职业的相对工资溢价显著增加。Dauth et al.（2017）[56]

研究了机器人对德国劳动力市场的影响，结果表明，机器人对个人收入的负面影响主要出现在从事机器操作职业的中等技能劳动力身上，而高技能管理人员则获益匪浅。

Feng & Graetz（2015）[17] 区分了任务的复杂程度 $\sigma \in [\breve{\sigma}, \hat{\sigma}]$，同时将任务类型划分为先天性能力任务（ τ=0 ）和训练密集型任务（ τ=*1* ）。对于先天性能力任务，工人不需要任何的训练就能完成；对于训练密集型，工人需要接受一定的训练才能胜任，其中，任务复杂程度越高，对于同一类型工人（如 S 型），需要接受训练的时间越长（ σ/S ），从而在其一生中可用于工作的时间越短。同样，任务复杂程度越高，将资本转换为能够完成该任务的机器的成本也越高，这种转换成本为 $C_k\sigma$。通过对要素市场的均衡求解，研究结果显示，在一般情况下，这会导致工作（工资）两极分化，即相对于高工资、低工资工作，中等工资工作的需求会减少。

国内关于人工智能对工资极化影响的研究相对较少。闫雪凌等（2021）[110] 通过构建我国 2006—2017 年制造业行业的工业机器人的基础数据集，利用面板 VAR 模型实证研究发现，人工智能技术冲击对我国劳动力市场存在正向影响，即更多地表现为新技术的“创造效应”，从而并未导致我国现阶段劳动力市场在结构上出现极化现象。刘廷宇等（2021）[8] 结合中国家庭收入调查（Chinese household income project，CHIP）数据库和省级层面数据的实证研究表明，RBTC 和离岸外包业务均是中国劳动力市场工资极化的重要原因。陈岑等（2023）[12] 采用流动人口动态监测数据的实证研究指出，信息技术会通过对劳动力的替代作用影响工资，并且该替代性对工资的不利影响在常规任务劳动力群体中尤为突出，导致常规任务劳动力工资的增速较慢，从而产生工资极化现象。

第四节　人工智能对收入不平等的影响

人工智能在生产中替代了人工，并且其所产生的收入会被输送给资本所有者，使得初次分配中资本收入份额上升、劳动收入份额下降。由于相对于资本收入，劳动收入的分配通常更为均匀。因此，劳动收入份额的下降可能会导致收入不平等程度的上升。此外，如果仅将工人划分为低技能工人和高技能工人，显然，相对于高技能工人，人工智能主要替代了低技能工人，这将提高技能溢价，从而导致收入不平等程度的上升。如果将工人划分为低技能工人、中等技能工人和高技能工人，那么，相对于低技能和高技能工人，人工智能主要替代了中等技能工人，从而降低中等技能工人的相对工资水平，则人工智能对收入不平等程度的影响是不确定的。

Acemoglu & Restrepo（2017）[29] 提供了一个基于任务的模型，高技能和低技能工人同时在任务生产中与机器相竞争，低技能（高技能）自动化对应于低技能（高技能）劳动力被资本接管。自动化降低了其所取代的劳动力类型的工资水平，并通过连锁反应，影响其他类型劳动力的实际工资。然而，自动化带来的生产率效应，通过推高所有要素的价格，会对其工资效应产生抵消作用。从长远来看，由于资本总会调整到固定利率状态，生产率效应将占主导地位。此外，高技能自动化会降低收入不平等，而低技能自动化则会提高收入不平等。Brall & Schmid（2020）[111] 通过德国制造业企业层面数据的实证研究指出，在 20 世纪 90 年代和 21 世纪初，自动化对工资结构的影响导致了更大的不平等，而在最近的一段时间内，自动化对工资分配的上半部分产生了显著的减少不平等的影响。在 Zhang（2019）[112] 构建的基本模型中，自动化的加速会产生替代效应和资本再分配效应。如果机器人生产部门的劳动力和资本之间的替代弹性很大，则资本再分配效应无法抵消替代效应，从而扩大工资差距；反之，如果该劳动力和资本之间的替代弹性足够小，则会缩小工资差距。

刘凤良等（2022）[113] 研究指出，人工智能对财富不平等的影响在短期和长期表现有所不同，短期中人工智能技术的应用会提高经济中财富分配的不平等程度，而长期中其财富分配效应则取决于人工智能对不同类型技术进步的促进程度。核心机制在于，人工智能技术进步的多样性在短期和长期中会对资本回报率产生不同影响。短期中各类技术进步总是会提高资本回报率；而在长期，不同类型的技术进步对资本回报率的影响则存在差异。陈斌开和徐翔（2024）[114] 通过分析人工智能技术进步影响收入不平等的主要作用机制发现，人工智能技术进步具有扩大收入差距的张力，但其最终产生何种影响取决于政府收入分配政策。为了应对人工智能冲击，应当采取有效的公共政策，以促进机会均等化为主要手段，推动社会公平。张展培等（2024）[115] 研究发现，生成式人工智能对收入不平等具有“双刃剑”效应。一方面，尽管生成式人工智能可以提高个体居民的人力资本，但会降低就业市场对劳动力的需求，导致失业率上升，经济陷入“内卷”。同时，生成式人工智能可能使一部分企业家被排斥出信贷市场，降低居民收入水平，最终加剧收入不平等。另一方面，生成式人工智能通过促进技术创新增加企业的预期经营利润，激励更多居民创业以及更多企业家进入信贷市场并扩大生产，由此增加企业人力资本需求，降低失业率，增加居民收入水平，最终缓解收入不平等。总体而言，生成式人工智能能否缓解收入不平等，取决于其人力资本渠道和技术创新渠道相互抵消后的净效应。

如果人工智能等自动化技术会带来不平等程度的上升，考虑到人工智能仍是未来科技发展的主流方向之一，那么，有必要设计一个补偿方案来弥补自动化技术的失败。这样做有助于将自动化潜在的巨大收益更均匀地分配给社会的各个部分，从而确保自动化技术得到顺利发展与采用，在促进生产率发展的同时，控制不平等程度的上升。如果没有这样的补偿方案，随着人工智能的继续发展，很可能会产生对自动化技术的抵制，那么在将来的一段时间内，会对其发展与广泛采用产生阻碍。

第五节　人工智能对工资水平的影响

人工智能的自动化特性意味着其更广泛地采用可能会降低工资率，因为自动化是在与生产要素——劳动——进行直接竞争。工人们发现与机器的竞争越来越困难，他们的报酬将经历相对甚至绝对的下降（Martinez，2018[6]）。然而，人工智能也会通过生产率效应等补偿性效应提高工资水平。因此，人工智能对工资水平的最终影响效应取决于替代效应和补偿性效应之间的比较。如果替代效应大于补偿性效应，则净效应为负，工资水平会出现下降；反之，净效应为正，工资水平会提高。

王晓娟等（2022）[67]研究发现，从短期来看，工业机器人的应用对制造业工资水平存在负向冲击，工业机器人渗透度每增加 1 个单位，劳动者工资降低 0.163%；从中长期来看，工业机器人的应用对制造业平均工资水平仍然会造成负面冲击。王林辉等（2023）[116]运用中国家庭追踪调查数据研究发现，人工智能应用对劳动工资有负向冲击，主要通过缩短劳动工时和劳动岗位更替实现。一方面，智能机器的应用将劳动者从部分繁重的工作任务中解脱出来，减少劳动者的工作时间，从而降低工资；另一方面，机器人的应用会直接替代劳动，技能“折旧效应”使其在劳动力市场上难以获得长期稳定的工作，且机器人大规模应用会弱化企业对劳动的依赖，用工关系的短期化也将引发劳动岗位的频繁更替，对劳动者的工资产生负面影响。王永钦和董雯（2023）[117]利用中国城镇住户调查和流动人口动态监测数据研究发现，从直接影响看，机器人的应用对制造业部门的本地居民和流动人口工资性收入都具有显著负面效应。邸俊鹏等（2023）[68] 研究表明，工业机器人对不同技能劳动力的工资均具有正向影响，表现为明显的“升级”效应。孙文远和刘于山（2023）[118] 使用 2013—2020 年 231 家制造业企业面板数据研究指出，在人工智能技术的应用下，制造业企业的员工工资收入水平会明显增加。陈琳等（2024）[80] 研究指出，人工智能渗透高的企业，其平均工资水平更高，人工智能渗透高的职业有更高的工资溢价。屈小博和吕佳宁（2024）[119] 采用中国企业—员工匹配调查数据研究发现，使用机器人技术的企业员工，其工资相对更高，尽管生产工人占比相对较低，但平均工资回报依然实现了显著提升，平均高出 15.7%。

第八章　理论建模与实证研究

第一节　人工智能、劳动收入份额与经济增长

一、问题提出

人工智能的发展与应用无疑会直接提高经济生产率。人工智能的发展应用在宏观和微观两个维度均较为显著地促进了我国 TFP 的提升，人工智能提升 TFP 的机制包括提高要素配置效率、降低企业成本和增强企业研发能力（杜传忠等，2024[120]）。但是，人工智能在通过提高 TFP 从而促进经济增长的同时，还会通过影响劳动收入份额对经济增长产生影响。人工智能等自动化技术是在与生产要素——劳动——进行直接竞争，人工智能所产生的收入被输送给了资本所有者，从而导致初次分配中劳动收入份额的下降。Bhaduri & Marglin（1990）[121] 指出，根据凯恩斯有效需求理论，GDP 由消费、投资及净出口三部分构成，而收入分配变动对于这三部分的影响效应是不同的。由于利润收入的边际消费倾向通常低于工资收入的边际消费倾向（边际消费倾向递减），因此劳动收入份额下降会抑制消费，促进投资，并且一般来说，消费的减少量要大于投资的增加量，即会导致国内需求收缩。如果劳动收入份额下降是由于劳动成本下降，则会增强国际竞争力，使净出口上升，此时，国内外总需求可能上升，且外贸依存度更高，总需求上升的可能性越大。如果劳动收入份额下降会抑制总需求，从而降低 GDP 水平，则称此种总需求机制为“工资拉动型”；如果劳动收入份额下降会扩大总需求，从而提升 GDP 水平，则称此种总需求机制为“利润拉动型”（Bhaduri & Marglin，1990[121]）。如果经济体的总需求机制为“工资拉动型”，则人工智能的发展会通过降低劳动收入份额给经济增长带来负向效应。因此，即使人工智能的发展提高了劳动生产率，但人工智能的发展对经济增长的最终效应不一定为正，

即人工智能的发展不一定会促进经济增长。因此，本节关注的问题是，人工智能的发展最终是否促进了经济增长？如果由于总需求机制的抑制，人工智能的发展最终给经济增长带来了负向效应，那么政府应该加大二次分配力度，缓解总需求机制对经济增长的抑制作用，或者通过改变相关条件逆转总需求机制，最终实现人工智能的发展对经济增长的促进作用。

Naastepad（2006）[122] 首次将收入分配的总需求效应与供给效应（生产率效应）结合起来研究，构建了一个经济增长模型，以考察总需求、劳动生产率与实际工资水平之间（可能存在）的互动关系。然而，Naastepad（2006）[122] 所构建的模型存在以下三点不足：①对于进 / 出口函数、生产率函数等各单方程，在函数形式的设置上过于简洁，导致在进行实证估计时，包含的控制变量过少，因此可能引起“遗漏变量偏差”（遗漏变量与解释变量相关），或影响 OLS 估计的精确度（遗漏变量与解释变量不相关）；②在消费函数的设定上，以劳动收入、资本收入的边际消费倾向（σ_w、σ_π）作为待估参数，这导致依据理论分析得到的关于收入分配变化的总需求效应均衡值中，除在形式上较为复杂，包含的需要以样本均值直接代替参数值的参数过多，在进行实证研究时影响了估计结果的可靠性；③在生产率函数的设定上，没有考虑到人工智能等技术变革对生产率的影响。显然，技术变革是生产率提升的重要驱动因素。

针对 Naastepad（2006）[122] 模型的不足，本节在构建考察收入分配、总需求与劳动生产率间互动关系的经济增长模型时，在以下三个方面进行了改进：①在进出口函数以及劳动生产率函数的模型设定上，根据相关理论，除了关键的解释变量，还引入了其他控制变量，使得模型更具有一般性，在进行实证估计时能得到更稳健的结果；②在设定消费函数时，直接以消费支出关于劳动收入份额、总收入水平的弹性作为待估参数，这使得依据理论分析得到的关于收入分配变化的总需求效应均衡值在形式上更为直观简洁，包含的需要以样本均值直接代替参数值的参数相对较少，在进行实证研究时较 Naastepad（2006）[122] 模型更具可靠性；③在生产率函数的设定上，加入人工智能发展水平变量作为重要影响变量。

本节最重要的创新之处在于，在探讨人工智能对经济增长的影响时，首次考虑了人工智能通过劳动收入份额对经济增长的间接影响。通过将人工智能的发展对生产率的影响、人工智能的发展对劳动收入份额的影响纳入统一的经济增长模型中，探讨了人工智能的发展对经济增长的最终影响效应。

二、文献综述

与本节主题相关的文献主要包括三条线索：一是关于人工智能对生产率的影响；二是关于人工智能对劳动收入份额的影响；三是关于劳动收入份额对经济增长的影响。

（一）人工智能对生产率的影响

近些年人工智能之所以发展得如火如荼，主要是因为人工智能可以大大提高生产率。人工智能通过用机器（人）替代人工，无疑显著提高了劳动生产率。此外，人工智能还通过改善要素配置效率、降低交易成本等大大提高经济生产率。人工智能的应用能够通过促进技术创新来实现TFP的提升，人工智能在研发设计、生产制造、市场营销等价值链环节的应用也均通过技术创新显著地提升了TFP（张龙鹏等，2023[123]）。王士香等（2023）[124]基于2013—2019年中国277个地级市数据研究表明，工业智能化对城市经济增长具有显著促进作用，且存在正向空间溢出效果，即工业智能化不仅对本市经济增长具有正向影响，同时对周边城市的经济增长具有促进作用。任英华等（2023）[125]基于中国A股上市公司数据研究表明，人工智能技术创新通过推动生产、营销、管理环节的降本增效提升企业生产效率，其作用方式包括降低劳动力投入、外部销售成本和内部管理成本。杨膨宇等（2024）[126]用2011—2019年中国城市面板数据研究表明，工业机器人可以显著减少经济增长损失，对资本产生重置效应与产业融合效应，延展机器人应用边界，还会对劳动力配置产生替代效应与就业创造效应，从而纠正要素市场的资源错配现象，改善资源配置效率，进而减少经济增长损失。

（二）人工智能对劳动收入份额的影响

尽管替代效应与补偿性同时存在，但从理论上讲，人工智能的发展对工资水平的最终影响是不确定的，而人工智能的发展将会降低劳动收入份额这一点应该是确定的，毕竟人工智能的发展与应用主要意味着用资本替代了劳动力。徐春华和曾繁毅（2024）[127]通过构造59个国家2001—2019年的平衡面板数据并采用面板向量自回归（panel vector autoregression，PVAR）模型研究发现，人工智能作为使用价值生产的要素投入，将和普通物质资本的深化一同影响劳动收入份额变动，特别是在发展中国家或人工智能使用规模小的国家，人工智能应用频率的提高会对劳动收入份额产生显著的负向影响；人工智能的应用还将通过影响劳资关系变动而影响劳动收入份额变化，尤其是在发展中国家，人工智能的应用将抑制劳动收入份额下降。王丽媛和李繁荣（2024）[103] 通过实证研究表明，目前人工智能的应用水平上升 1%，会导致劳动收入份额下降 0.054 个单位。

（三）劳动收入份额对经济增长的影响

1. 劳动收入份额的总需求效应

Bhaduri & Marglin（1990）[121] 在有效需求理论基础上构建了一个研究劳动收入份额（利润份额）变动的总需求效应的经济增长模型，并根据劳动收入份额上升是带来“正向”还是“负向”的总需求增长效应，将总需求机制分别定义为“工资拉动型”和“利润拉动型”。

研究各国的总需求机制无疑具有重大的理论和现实意义。从理论上讲，关于总需求机制的研究有助于更好地理解各国的经济结构与经济增长机制，从收入分配的角度理解经济增长背后的推动或阻碍因素，从而更全面地把握其经济发展的脉搏。从现实意义上讲，可以从关于总需求机制的研究中获得重要的政策启示。其政策含义在于，收入分配政策必须与经济结构（总需求机制）之间存在一致性。如果总需求机制为“工资拉动型”（或“利润拉动型”），则应该推行亲资本分配政策，从而形成以“工资拉动型”（或“利润拉动型”）为主要动力的增长过程。然而，如果在“利润拉动型”经济体中推行亲劳动分配政策，或者在“工资拉动型”经济体中推行亲资本分配政策，将导致经济停滞。在现实经济中，分配政策与经济机制之间不一致也有可能发展为不稳定的增长模式，因为经济增长需要不断地依靠外部刺激来实现。

鉴于其重要的理论和现实意义，基于 Bhaduri–Marglin 模型，关于收入分配变化的总需求效应（即总需求机制）的实证研究如雨后春笋般涌现，见表 8–1。

表 8–1　基于 Bhaduri–Marglin 模型的经验研究

作　者	研究对象	时间跨度	研究方法	主要结论
Bowles & Boyer（1995）[128]	法国、德国、日本、英国、美国	1961—1987 年（储蓄） 1953—1987 年（投资） 1961—1987 年（净出口）	单方程估计	工资拉动型：英国、美国； 利润拉动型：法国、德国、日本
Gordon（1995）[129]	美国	1955—1988 年	单方程估计	利润拉动型
Stockhammer & Onaran（2004）[130]	法国、英国、美国	1972—1997 年（法国） 1966—1997 年（美国） 1970—1997 年（英国）	向量自回归（vector autoregression，VAR）估计	结果不显著

续表

作　者	研究对象	时间跨度	研究方法	主要结论
Onaran & Stockhammer（2005）[131]	土耳其、韩国	1965—1997 年（土耳其） 1970—2000 年（韩国）	VAR 估计	工资拉动型：土耳其（短期）、韩国（长期）
Naastepad & Storm（2006）[132]	法国、德国、意大利、日本、荷兰、西班牙、英国、美国	1960—2000 年	单方程估计	工资拉动型：法国、德国、意大利、荷兰、西班牙、英国； 利润拉动型：日本、美国
Hein &Vogel（2008）[133]	奥地利、法国、德国、荷兰、英国、美国	1960—2005 年	单方程估计	工资拉动型：法国、德国、英国、美国；利润拉动型：奥地利、荷兰
Stockhammer & Ederer（2008）[134]	奥地利	1960—2005 年	单方程估计	利润拉动型
Wang（2009）[135]	中国	1993—2007 年	单方程估计	利润拉动型
Stockhammer et al.（2011）[136]	德国	1970—2005 年	单方程估计	工资拉动型
Jetin & Kurt（2011）[137]	泰国	1971—2009 年	单方程估计	利润拉动型
Onaran & Galanis（2012）[138]	G20 国家	1960—2007 年（发达国家） 1970—2007 年（发展中国家） 1978—2007 年（中国）	单方程估计	工资拉动型：德国、法国、意大利、英国、美国、日本、土耳其、韩国； 利润拉动型：加拿大、澳大利亚、阿根廷、墨西哥、中国、印度、南非
Yılmaz（2015）[139]	土耳其	1987—2006 年	单方程估计	利润拉动型
Molero-Simarro（2015）[140]	中国	1978—2007 年	单方程估计	利润拉动型

通过表 8-1 中对国外学者关于各国总需求机制实证研究的梳理总结，可以得出以下结论。

（1）研究时间。从研究时间来看，国外学者关于总需求机制的实证研究主要集中于 21 世纪。进入 21 世纪后，学术界普遍意识到，要素收入份额稳定性假说与经验事实并不相符。因此，重新开始重视要素收入分配，有关要素收入分配的研究再度成为热门的话题。

（2）研究对象。主要发达国家（美国、英国、法国、日本、德国等）与部分发展中国家（中国、印度等）成为国外学界关于总需求机制的重点研究对象。此外，学者们对荷兰、奥地利、土耳其等 OECD 国家的总需求机制也进行了一定的研究。

（3）研究样本期。实证研究的样本期一般是以 20 世纪六七十年代为起点。与要素收入份额稳定性假说相背离，自 20 世纪六七十年代开始，劳动收入份额在世界范围内出现了普遍性下降。

（4）研究方法。绝大多数研究采用单方程估计方法，少数研究采用 VAR 估计。其中，单方程估计方法是指，以劳动收入份额、总需求为主要解释变量，分别对消费函数、投资函数和净出口函数进行估计，随后再将由各个单方程估计出来的效应进行加总。VAR 估计是指，在整个商品市场实现均衡的基础上进行估计，考虑了各个变量之间的相互作用。两种估计方法各有其优劣势。VAR 分析解决了系统中各变量的内生性问题，但难以确定各个单方程的影响效应，因此难以对劳动收入份额变动引起总需求变动过程中的具体经济关系给予明确解释。此外，关于总需求机制的研究主要为时间序列分析，在采用单方程估计方法时，多数学者遵循 Pesaran et al.（2001）[141] 的方法，首先采用误差修正模型（error correction model，ECM）进行估计，然后对估计结果进行 F 检验，以确认变量间的长期均衡关系是否存在。如果长期均衡关系存在，则采用 ECM 估计结果；如果长期均衡关系不存在，则采用 OLS 估计法（平稳序列）或者一阶差分估计法（非平稳序列）。

（5）研究结论。实证研究结果呈现多样化局面，“工资拉动型”和“利润拉动型”国家似乎各占一半。此外，对于同一个国家，其总需求机制在不同的研究中可能有着不同的结论，这可能与样本期、实证模型的具体设定以及估计方法间的差异有关。总体来看，在经合组织国家中的奥地利、荷兰等小型开放经济体，以及中国、印度等发展中国家，出现了“利润拉动型”的总需求机制，而对于德国、美国、英国等主要发达国家，大多数研究结果支持其总需求机制为“工资拉动型”。

（6）关于中国的研究结论。Wang（2009）[135]、Molero-Simarro（2015）[140] 和 Onaran & Galanis（2012）[138] 基于 Bhaduri-Marglin 模型对中国总需求机制进行了实证研究。其中，Wang（2009）[135] 采用 1993—2007 年间的省级面板数据进行了分析研究，Molero-Simarro（2015）[140] 和 Onaran & Galanis（2012）[138]

均采用1978—2007年间的时间序列数据进行了实证研究。Wang（2009）[135]、Molero-Simarro（2015）[140]和Onaran & Galanis（2012）[138]在估计方法上都采取了单方程估计方法，在研究结果上都得出中国总需求机制属于“利润拉动型”的一致结论。

为了进一步梳理关于世界范围内主要经济体总需求机制的实证研究结果，在表8-2中进行了相关总结。

表8-2　主要经济体总需求机制的实证研究结果

国家或地区	国内总需求		总需求	
	工资拉动型	利润拉动型	工资拉动型	利润拉动型
欧元区	SOE09、OG12	—	SOE09、OG12	—
德国	BB95、NS07、HV08、SHG11、SS11、OG12	—	NS07、HV08，SHG11、OG12	BB95
法国	BB95、NS07、ES07、HV08、SS11、OG12	—	NS07、HV08、OG12	BB95、ES07
荷兰	NS07、SS11	HV08	NS07	HV08
奥地利	SE08、HV08、SS11	—	—	SE08、HV08
英国	BB95、NS07、HV08、OG12	SS11	BB95、NS07、HV08、OG12	—
日本	BB95、OG12	NS07	OG12	BB95、NS07
美国	BB95、HV08、OSG12、OG12	NS07	BB95、HV08、OSG12、OG12	NS07、BFT06
中国	OG12	WP09、MS11	—	WP09、MS11、OG12

注：BB95表示Bowles & Boyer（1995）；BFT08表示Barbosa-Filho & Taylor（2006）；ES07表示Ederer & Stockhammer（2007）；HV08表示Hein & Vogel（2008）；NS07表示Naastepad & Storm（2006）；OSG12表示Onaran et al.（2012）；SO04表示Stockhammer & Onaran（2004）；

SE08 表示 Stockhammer & Ederer（2008）；SHG11 表示 Stockhammer et al.（2011）；SOE09 表示 Stockhammer et al.（2009）；SS11 表示 Stockhammer and Stehrer（2011）；OG12 表示 Onaran & Galanis（2012）；WP09 表示 Wang（2009）；MS11 表示 Molero–Simarro（2015）.

资料来源：Lavoie, M., Stockhammer, E., 2012, "Wage–led growth: Concept, theories and policies". Conditions of Work and Employment Working Papers.

从表 8–2 可以看出，对于表中所列国家（中国除外），国内总需求机制基本表现为"工资拉动型"，除了荷兰、英国、日本和美国在个别学者的研究中表现为"利润拉动型"。在部分学者的研究中，国际贸易将一些国家的需求机制由"工资拉动型"（国内总需求机制）转变为"利润拉动型"（总需求机制）。例如，在 Bowles & Boyer（1995）[128] 的研究结论中，德国、法国和日本的国内总需求机制为"工资拉动型"，但总需求机制为"利润拉动型"。在 Onaran & Galanis（2012）[138] 的研究中，中国国内总需求机制为"工资拉动型"；在 Wang（2009）[135]、Molero–Simarro（2015）[140] 的研究中，中国国内总需求机制均表现为"利润拉动型"。

尽管国外已有很多立足 Bhaduri–Marglin 模型的实证研究，但国内针对收入分配变化的总需求效应的相关研究比较有限。黄乾和魏下海（2010）[142] 利用 1993—2007 年中国省级面板数据，采用面板数据协整方法对劳动收入比重变动的国内需求（总产出）效应进行了实证研究，得出中国国内需求体系属于"工资拉动型"的结论。然而，正如上文中指出，国际贸易很可能将一国的需求机制由"工资拉动型"（国内总需求机制）转变为"利润拉动型"（总需求机制）。因此，仅仅考察国内需求体系是不够的，它并不能给我们提供明确的政策启示。刘盾等（2014）[143] 利用 1978—2012 年的时间序列数据对中国劳动收入份额影响经济增长率的情况进行了实证研究，得出中国总需求机制为"工资拉动型"的结论。值得说明的是，在其研究中，几乎所有变量都被转换为增长率变量，经单位根检验为平稳序列，故大多数情况下采用 OLS 估计法。然而，在其他国内外学者的相关研究中，一般是直接就水平变量的对数进行回归分析，而水平变量的对数多为非平稳序列。因此，在估计方法上主要是采用 ECM 估计和一阶差分估计法。

需要注意的是，国内学者的研究结果与国外学者采用中国类似时段数据得出的"利润拉动型"的研究结论（Wang，2009[135]；Molero–Simarro，2015[140]；Onaran & Galanis，2012[138]）截然不同，这使得对于中国总需求机制的探讨更具挑战性。其中，在刘盾等（2014）[143] 的研究中，估计方法上的差异可能是导致其研究结论与其他学者出现差异的重要原因。

2. 劳动收入份额的总供给效应（生产率效应）

关于收入分配变化的生产率效应，主要体现在实际工资水平和总需求水平对劳动生产率的影响上。从总供给层面来讲，收入分配变化通过以下两种途径对劳动生产率产生影响：①劳动收入份额变动通过总需求效应影响总产出，进而通过维多恩效应影响劳动生产率。根据维多恩效应，总产出增长会深化劳动分工，更有利于“干中学”作用的发挥，从而提高劳动生产率；并且总产出增长意味着新的资本投入（加速数原理），而新资本通常较旧资本具有更高的生产率。②给定劳动生产率，劳动收入份额上升意味着实际工资水平的上升。根据引致性技术进步理论，这会促使厂商更多地投资于资本密集型的生产，以资本替代劳动来保持竞争力，这在新古典生产函数的假设下，将会提高劳动生产率。此外，根据效率工资假说，提高实际工资水平，会提升工人的积极主动性，并改善工人的健康与营养状况（主要指发展中国家），从而使工人对生产过程的贡献度提高。

关于实际工资水平对劳动生产率的影响，最早可追溯到马克思的《资本论》。马克思认为，实际工资上升会促使资本家努力开发以资本替代劳动的技术（引致性技术进步），从而有助于提升劳动生产率。这一观点后来被 Hicks（1932）[144] 重申。Webb（1912）[145] 正式指出从实际工资水平到劳动生产率间的正向因果关系，此后 Kennedy（1964）[146]、Funk（2002）[147] 都就此观点作了规范化表述。Naastepad（2006）[122] 通过对荷兰的实证研究发现，实际工资每上涨 1 个百分点，劳动生产率将上升 0.52 个百分点。Storm & Naastepad（2009）[148]、Vergeer & Kleinknecht（2010）[149] 通过对经合组织国家的研究，也认为更快速的实际工资增长会带来更快速的劳动生产率增长。其中，前者发现，劳动生产率相对于实际工资的弹性为 0.50 ～ 0.55（1984—2004 年）；后者发现，劳动生产率相对于实际工资的弹性为 0.31 ～ 0.39（1960—2004 年）。Hein & Tarassow（2010）[150] 以 6 个经合组织国家为研究对象，分析了其在 1960—2007 年间收入分配与劳动生产率增长率之间的关系，发现劳动生产率相对于实际工资的弹性基本在 0.30 左右（除了奥地利高达 0.67）。然而，这些经验研究都面临着可能存在反向因果关系的问题，以及短期效应与长期效应之间的区别。Marquetti（2004）[151] 指出，通过格兰杰因果关系检验，实际工资增长是劳动生产率增长的格兰杰原因，但劳动生产率增长不是实际工资增长的格兰杰原因，即格兰杰因果关系是单向的。因此，这可能证明了研究实际工资增长对生产率增长的影响的合理性。Storm & Naastepad（2012）[152] 对这些实证研究进行了总结，指出作为一个合理的估计数值（对于发达经济体），实际工资每上涨 1 个百分点，劳动生产率将上升 0.38 个百分点左右。

这表明实际工资上升将促使企业提高劳动生产率以维护其盈利能力。尽管有关研究结果比较少，但是应该可以合理地说，现有证据已表明实际工资增长对于劳动生产率增长具有长期的积极影响。这点对经济政策的实施很重要，它表明过度的工资压制很可能导致生产率低下，工资导向型的增长战略才与供给层面的良性发展相一致。

关于总需求水平对劳动生产率的影响，体现为著名的维多恩效应（Verdoorn，1949[153]）。Kaldor（1996）[154]、Boyer & Petit（1991）[155]认为，总生产过程具有规模报酬递增特征：市场的扩大有利于深化劳动分工，从而提高劳动生产率。Kaldor（1957）[156]认为，不同时代的资本体现着不同的技术状态，新资本通常较旧资本具有更新的技术，因此，由总需求扩张导致的新投资在增加资本量的同时，还会提高劳动生产率。

Vergeer & Kleinknecht（2010）[149]运用19个经合组织国家1960—2004年间的面板数据，同时研究了实际工资增长、总需求增长对劳动生产率的影响效应。由于劳动生产率存在路径依赖，其过去的增长状况可能会影响到未来的增长率，因此劳动生产率的滞后项作为自变量被包含在回归方程中。此外，从理论上来讲，不仅工资增长率会影响劳动生产率增长率，其反向关系也可能成立，即劳动生产率增长率会影响工资增长率。为了解决自变量中包含因变量滞后项以及可能存在的反向因果关系带来的内生性问题，回归方程中采用工资增长率的滞后变量作为主要解释变量。回归方程如下：

$$\hat{\lambda}=\alpha_i+\sum_k \beta_{1,k}\hat{w}_{t-k}+\sum_k \beta_{2,k}\hat{\lambda}_{t-k}+\beta_3\hat{Q}+\beta_4^{'}Z+\varepsilon$$

式中，$\hat{\lambda}$表示劳动生产率增长率；$\hat{w}_{t-k}$表示实际工资增长率；$\hat{Q}$表示总产出增长率（系数β_3表示“维多恩”效应）；α_i表示国家固定效应；Z表示控制变量；ε表示误差项。

经分析表明，当$k=9$时，可以较好地解决回归方程中可能存在的内生性问题。回归结果表明，劳动生产率的长期实际工资弹性为0.31～0.39；劳动生产率的长期总产出弹性为0.24～0.37。

Hein & Tarassow（2010）[150]也运用奥地利、法国、德国、荷兰、英国及美国共6个国家1960—2007年间的面板数据，就实际工资增长、总需求增长对劳动生产率的影响效应进行了实证研究。回归方程如下：

$$\hat{y}=f(\hat{Y},\hat{w},sh\_m,\mathrm{GAP})$$

式中，$\hat{y}$ 表示劳动生产率增长率；$\hat{Y}$ 表示总产出增长率；sh_m 表示制造业在 GDP 中的占比；GAP 表示研究对象与美国之间的劳动生产率差异。

在估计方法上，Hein & Tarassow（2010）[150] 遵循 Pesaran et al.（2001）[141] 的方法，首先采用 ECM 进行估计，然后对估计结果进行 F 检验，以确认变量间的长期均衡关系是否存在。如果经过 F 检验，发现其各变量间确实存在长期均衡关系，则采用 ECM 估计结果；如果经过 F 检验，发现长期均衡关系不存在，再来检验各变量的单整阶数，以确定直接采用 OLS 估计法（平稳序列），还是采用一阶差分估计法（非平稳序列）。根据上述估计方法，对于德国，采用以下 ECM 估计结果：

$$
\begin{aligned}
& d\left[\log(y_t)\right]=a_0c+a_1\log(y_{t-1})+a_2\log(Y_{t-1})+a_3\log(w_{t-1})+a_4sh\_m_{t-1} \\
& +a_5\log(\mathrm{GAP}_{t-1})+a_6\sum d\left[\log(y_{t-j})\right]+a_7\sum d\left[\log(Y_{t-i})\right]+a_8\sum d\left[\log(w_{t-i})\right] \\
& +a_9\sum d\left[sh\_m_{t-i}\right]+a_{10}\sum d\left[\log(\mathrm{GAP}_{t-i})\right]+e_t, \\
& i=1,2,3，\ j=1,2
\end{aligned}
$$

对于其他国家，则采用以下一阶差分法进行估计。

$$
\begin{aligned}
& d\left[\log(y_t)\right]=b_0c+b_1\sum d\left[\log(y_{t-j})\right]+b_2\sum d\left[\log(Y_{t-i})\right]+b_3\sum d\left[\log(w_{t-i})\right] \\
& +b_4\sum d\left[sh\_m_{t-i}\right]+b_5\sum d\left[\log(\mathrm{GAP}_{t-i})\right]+e_t, \\
& i=0,1,2,3，\ j=1,2
\end{aligned}
$$

实证研究结果显示：

（1）就总产出增长对劳动生产率增长的影响（维多恩效应）来看，在法国表现得最强，其总产出 1% 的增长带来了劳动生产率 0.54% 的增长；德国和荷兰的研究结果与法国相似，维多恩系数分别为 0.43%、0.45%；奥地利和英国的维多恩效应则相对弱一些，维多恩系数分别为 0.33%、0.23%；美国的维多恩效应表现得最弱，劳动生产率的长期总产出弹性仅为 0.11%。相对于其他学者的研究结果，Hein & Tarassow（2010）[150] 研究中的维多恩效应表现得相对较弱，作者认为主要原因在于回归方程中纳入了变量的滞后项。因此，其他学者的研究结果实际上为短期内的奥肯效应，而并非长期内的维多恩效应。

（2）实际工资对劳动生产率的影响显著为正，其弹性系数与其他学者的研究结果相差不大。其中，在奥地利，实际工资每上升 1%，劳动生产率提高了约 0.67%；在其他国家，劳动生产率的实际工资弹性为 0.25% ～ 0.36%。

国内一些学者对实际工资增长的生产率效应进行了研究，但对于中国总需求增长的维多恩效应的研究却非常少。李平等（2011）[157] 通过对中国省际面板数据（1995—2009 年）的实证分析发现，高工资高劳动生产率的结论同样适用于中国，并且通过不同时间段的比较发现，近年来工资上涨在中国劳动生产率提升中的作用在逐步增强。工资上涨主要通过要素替代效应、效率工资效应、人力资本投入效应、技术创新效应及创造性破坏效应等机制提高劳动生产率，但工资上涨在提升劳动生产率方面存在“门槛”效应。因此，过低的工资水平不利于劳动生产率的提升，往往使其陷入低工资—低生产率陷阱。王建华和李红涛（2013）[158]利用1999—2010年间中国省级面板数据，采用PVAR模型对工资、物价、就业及劳动生产率的动态关系进行了实证研究。结果表明，“从长期看，工资上涨对就业的影响是积极的，劳动者的工资上涨对其生产率的提高具有积极作用，但是工资上涨确实会在一定程度上推高物价水平，而劳动生产率的提高对于减弱工资上涨的负面影响具有重要作用”。宫旭红和曹云祥（2014）[159]借助不同时间段制造业行业面板数据的对比分析得出，随着中国工资水平不断提高，工资上涨所引致的资本深化开始对劳动生产率发挥影响作用。袁富华等（2016）[160]用维多恩系数表示总产出的规模报酬捕捉能力，通过单变量回归测算得出1978—2011年中国该系数高达1.01，远高出发达国家同期水平，但是他们并没有构建理论模型探讨维多恩效应的测算基础，忽略了可能影响生产率的多种变量。

3. 劳动收入份额的总效应

Naastepad（2006）[122]首次将收入分配变化的总需求效应与总供给（劳动生产率）效应结合起来分析，构建了一个考察总需求、劳动生产率与实际工资水平之间的互动关系的经济增长模型，并运用荷兰1960—2000年数据进行了实证研究。

20世纪80年代初，西方国家相继开展了一系列“新自由主义（Newliberalism）”改革①，实际工资增长率被明显压制，劳动收入份额普遍出现了显著、持续下降的现象。“新自由主义”思潮认为，实际工资压制是经合组织国家宏观经济在长期内保持强劲增长的必要条件。这里暗含的假设前提是，根据Bhaduri- Marglin模型，经合组织国家的总需求机制主要为“利润拉动型”。然而，当绝大多数经合组织国家实行了工资增长压制政策，使利润率回升到“黄金时代”水平后，其总体经济表现却不尽如人意。在1980—2000年期间，经合组织国家相较于1960—1980年期间具有更低的产出增长率、劳动生产率增长率，更低的投资率与更高的失业率。这一令人失望的经济表现提出了一个关键性问题：为什么在一个假定其总需

① 编者注：新自由主义打着恢复古典自由主义传统的旗号，反对“凯恩斯主义”和“社会主义”，以哈耶克为代表，其准确的中文称呼应为“新古典自由主义”，以与凯恩斯一脉的“新自由主义”相区别，但国内已习惯将其称为“新自由主义”，因此本节为简洁起见，也称之为“新自由主义”。本节中所出现的“新自由主义”均是指“新古典自由主义”。

求机制为“利润拉动型”的经济体中，工资向利润转移的收入重新分配，并没有使宏观经济得到持续良好的发展呢?

尤其是，在“新自由主义”改革中，荷兰在经合组织国家中，通过工会、雇主协会和政府的共同努力，成为在国家层面最坚定推行工资压制政策的国家。支持这一政策的假设为：①由于出口在 GDP 中占比高，荷兰总需求机制是“利润拉动型”；②收入分配变化对生产率并不产生影响。然而，自 1982 年开始实行的实际工资增长压制政策，所带来的结果却是令人失望的：1984—2000 年间的 GDP 增长率和生产率增长率均低于 1960—1980 年间，年 GDP 增长呈现不连贯性，劳动生产率增长出现明显下滑，且下滑程度较经合组织国家的平均水平更为严重。其唯一成功的地方在于就业率的大幅度提升（即失业率的削减）。荷兰宏观经济表现（1960—2000 年）（相对于经合组织经济表现）见表 8-3。

表 8-3　荷兰宏观经济表现（1960—2000 年）（相对于经合组织经济表现）

时　　期	$\hat{x}_r$(1)	$\hat{\lambda}_r$(2)	$\hat{l}_r$(3)	$\hat{w}_r$(4)	$\hat{v}_r$(5)	$\hat{\varepsilon}_r$(6)	u_r(7)
1960—1980 年	–0.43	–0.21	–0.33	0.48	2.40	–1.71	–0.6
1960—1973 年	–0.55	–0.40	–0.25	0.71	1.97	–0.85	–1.2
1973—1980 年	–0.34	0.25	–0.54	0.27	3.07	–3.05	0.6
1984—1996 年	–0.21	–0.55	0.99	–0.47	0.41	–0.32	–2.5
1996—2000 年	0.88	–0.66	2.06	–0.39	–0.93	1.20	–5.4

注：栏（1）～（6）表示年均增长率；栏（7）表示劳动力百分比。$\hat{x}_r$ =（1995 年市场价格下）荷兰实际 GDP 增长率 – 欧盟 15 国、美国和日本实际 GDP 加权平均增长率；$\hat{\lambda}_r$ = 荷兰劳动生产率增长率 – 欧盟 15 国、美国和日本劳动生产率加权平均增长率；$\hat{l}_r$ = 荷兰就业（工作时间）增长率 – 22 个经合组织国家（工作时间）加权平均增长率；$\hat{w}_r$ = 荷兰实际工资增长率 – 欧盟 15 国、美国和日本实际工资加权平均增长率；$\hat{v}_r$ = 荷兰实际单位劳动成本增长率 – 欧盟 15 国、美国和日本实际单位劳动成本加权平均增长率；$\hat{\varepsilon}_r$ = 荷兰盾相对于欧盟 15 国、美国和日本加权平均汇率的贬值率；u_r = 荷兰失业率（劳动力百分比）– 欧盟 15 国平均失业率。

资料来源：Naastepad, C. W. M., 2006, “Technology, Demand and Distribution: A Cumulative Growth Model With An Application to the Dutch Productivity Growth Slowdown”. Cambridge Journal of Economics.

针对荷兰工资压制政策后的糟糕表现，Naastepad（2006）[122] 之前的文献主要强调供给层面的因素，然而并未给荷兰“生产率危机”提供令人满意的解释。因此，关于其糟糕表现一直是个谜。Naastepad（2006）[122] 认为其答案可能藏在总需求、生产率与实际工资的互动中，于是通过融合 Bhaduri & Marglin（1990）[121] 所阐述的总需求机制与卡尔多供给体系所强调的高需求、高工资对生产率的促进作用，构建了一个考察总需求、劳动生产率与实际工资水平之间的互动关系的经济增长模型。

Naastepad（2006）[122] 将此理论模型应用到荷兰（1960—2000 年）的实证研究中，成功解释了为何工资压制政策并没有带来高需求增长与生产率提升。其研究结果表明，即使在“利润拉动型”总需求机制的经济体中，如果实际工资压制给生产率带来的负面效应足够大，以至于超过总需求增长对生产率的正向效应（维多恩效应），那么，生产率增长会下滑，而生产率增长下滑缩小了（工资压制引起的）劳动收入份额原有下降幅度，从而削弱了其总需求增长效应。其最终结果为，产出方面并没有实现高增长，生产率增长率反而大幅度下降，因生产率增长率低于产出增长率，就业率得到大幅提升。因此，GDP 增长体现为不断增强的劳动密集型增长方式，其“就业奇迹”只是“此生产率增长危机”同一硬币的另一面。

在 Naastepad（2006）[122] 之后，Hein & Tarassow（2010）[150] 将收入分配变化的总需求效应与总供给（生产率）效应结合起来研究时，以产能利用率和利润份额为中间变量，构建了一个与 Naastepad（2006）[122] 模型不同的经济增长模型。但 Hein & Tarassow（2010）[150] 仅仅是构建了理论模型，并没有将其运用到实证研究中。

2013 年，Hartwig 基于 Naastepad（2006）[122] 模型，运用瑞士 1950—2010 年数据进行了实证研究。其研究结果表明，瑞士的总需求机制为“利润拉动型”；所选取的模型较好地预测了自 1990 年左右实行工资压制政策后 GDP 增长的实际变化情况；工资压制政策将 1990 年后的 GDP 增长率提升了约 1 个百分点；或者说，如果没有工资压制政策，主要由全球经济增长放缓所导致的实际 GDP 增长率下降问题将会更加严重，GDP 平均增长率将会仅仅略高于 0.5%，而不是 1.5%；瑞士的生产率机制为工资引导型，即工资压制政策对 1990 年以后生产率增长产生了负面影响，只是这一影响效应相对较弱。

综上所述，关于劳动收入份额变化的总需求效应的实证研究已经比较丰富，尤其是，对于世界上主要发达国家（美国、英国、法国、日本、德国等）与部分发展中国家（中国、印度等），国外学者运用不同的样本期或不同的估计方法考察了其总需求机制。然而，正如 Naastepad（2006）[122] 所指出，如果生产率效应足够强大，以至于在总产出增长方向上，生产率机制相较于总需求机制占据主导地位，那么，Bhaduri & Marglin（1990）[121] 模型仅从总需求角度得出的总产出增长机制（“工资拉动型”或“利润拉动型”）研究论断往往会失效。只有将总需求效应与生产率效应结合起来考察，才能更准确地评估劳动收入份额变动在经济发展中的实际效应。但是，目前关于这一领域的实证研究还很少。Naastepad（2006）[122] 基于所构建理论模型运用荷兰 1960—2000 年数据进行了实证研究；Hartwig 基于 Naastepad（2006）[122] 模型，运用瑞士 1950—2010 年数据进行了实证研究。就作者阅读所及，尚未出现其他相关实证研究文献。因此，关于此领域的实证研究尚需国内外学界的进一步探讨。

三、理论模型构建

（一）总需求效应

根据有效需求理论，总需求（总产出）由有效需求决定：

$$Y = C + I + E - M \tag{8-1}$$

式中，C 为最终消费支出（含居民消费与政府消费）；I 为投资支出；E 为出口；M 为进口。所有变量均为以不变价格计算的实际值。

假设 W 为名义工资水平，Π 为名义资本价格，λ 为劳动生产率，k 为产出—资本比，则单位产品增加值，即其价格 P 为

$$P = W\lambda^{-1} + \Pi k^{-1} \tag{8-2}$$

则劳动收入份额为 $v = (W/P)\lambda^{-1}$，即单位产品的实际劳动成本。劳动收入份额增长率（符号“^”代表变量的增长率）为

$$\hat{v} = \hat{w} - \hat{\lambda}\text{（}w = W/P\text{为实际工资水平）} \tag{8-3}$$

利润份额增长率为

$$\hat{\pi} = \frac{\Delta\pi}{\pi} = -\frac{\Delta v}{\pi} = -\frac{v}{\pi}\hat{v} \tag{8-4}$$

最终消费支出 C 主要受总产出 Y、劳动收入份额 v 的影响。根据凯恩斯消费函数，随着收入的增加，消费也会随之增加。通常来讲，劳动收入的边际消费倾向大于资本收入，一是由于资本收入中的一部分会被用作公司留存利润，二是由于资本收入者通常较工资收入者更为富有，具有更低的边际消费倾向（边际消费倾向递减）。因此，劳动收入份额上升，会增加消费支出。因此，这里假设消费函数，并得到消费的增长率如下：

$$C = a_c v^{\theta_1} Y^{\theta_2} \quad \theta_1 > 0，\theta_2 > 0 \tag{8-5}$$

$$\hat{C}=\theta_1\hat{v}+\theta_2\hat{Y} \tag{8-6}$$

根据 Bhaduri & Marglin（1990）[121]，投资支出I与利润份额π、总需求Y均正相关。单位产品的利润提高，即利润份额π上升，一方面，代表投资的预期收益率增加（假设未来利润率等同于现有利润率）；另一方面，投资可用的内部资金增加，能缓解融资约束，并降低融资成本。根据加速数原理，由总需求导致的产出量需求的增加，会导致对资本存量需求的增加，从而导致投资支出的增加。因此，这里假设投资函数，并得到投资增长率如下：

$$I=a_i\pi^{\varepsilon_1}Y^{\varepsilon_2}\quad \varepsilon_1>0，\ \varepsilon_2>0 \tag{8-7}$$

$$\hat{I}=\varepsilon_1\hat{\pi}+\varepsilon_2\hat{Y} \tag{8-8}$$

一个国家的产品出口量主要受其国际竞争力（实际汇率e_r）影响。实际汇率则由名义汇率（e）及国外价格（P_f）与国内价格（P）的比率所决定，即$e_r=eP_f/P$。当厂商按照成本加成法定价时，由工资水平上升带来的劳动收入份额的增加，提高了国内价格P，使实际汇率下降，从而降低国际竞争力，减少出口。从这个意义上来讲，出口与劳动收入份额负相关。此外，一个国家的产品出口量还会受到国外总需求（Z）的影响。因此，这里假设出口函数，并得到出口增长率如下：

$$E=a_e v^{\phi_1}Z^{\phi_2}e^{\phi_3}\quad \phi_1<0，\ \phi_2>0，\ \phi_3>0 \tag{8-9}$$

$$\hat{E}=\phi_1\hat{v}+\phi_2\hat{Z}+\phi_3\hat{e} \tag{8-10}$$

一个国家的进口量主要受实际汇率水平与国内总需求Y的影响。因此，这里假设进口函数，并得到进口增长率如下：

$$M=a_m v^{\varphi_1}Y^{\varphi_2}e^{\varphi_3}\quad \varphi_1>0，\ \varphi_2>0，\ \varphi_3<0 \tag{8-11}$$

$$\hat{M}=\varphi_1\hat{v}+\varphi_2\hat{Y}+\varphi_3\hat{e} \tag{8-12}$$

由总需求方程（8-1）有：

$$\hat{Y}=\frac{C}{Y}\hat{C}+\frac{I}{Y}\hat{I}+\frac{E}{Y}\hat{E}-\frac{M}{Y}\hat{M} \tag{8-13}$$

定义$C_Y=\frac{C}{Y}$，$I_Y=\frac{I}{Y}$，$E_Y=\frac{E}{Y}$，$M_Y=\frac{M}{Y}$，再将式（8-6）和式（8-8）～式（8-10）、式（8-12）代入式（8-13）并经整理得：

$$\left(1-C_Y\theta_2-I_Y\varepsilon_2+M_Y\varphi_2\right)\hat{Y}=E_Y\phi_2\hat{Z}+\left(E_Y\phi_3-M_Y\varphi_3\right)\hat{e}+\left(C_Y\theta_1+E_Y\phi_1-M_Y\varphi_1\right)\hat{v}+I_Y\varepsilon_1\pi \quad (8\text{–}14)$$

将式（8–4）代入式（8–14），并定义 $V_\pi=\frac{v}{\pi}$，有：

$$\hat{Y}=\frac{E_Y\phi_2\hat{Z}+\left(E_Y\phi_3-M_Y\varphi_3\right)\hat{e}}{1-C_Y\theta_2-I_Y\varepsilon_2+M_Y\varphi_2}+\frac{C_Y\theta_1+E_Y\phi_1-M_Y\varphi_1-I_YV_\pi\varepsilon_1}{1-C_Y\theta_2-I_Y\varepsilon_2+M_Y\varphi_2}\hat{v} \quad (8\text{–}15)$$

定义 $D_1=\frac{E_Y\phi_2\hat{Z}+(E_Y\phi_3-M_Y\varphi_3)\hat{e}}{1-C_Y\theta_2-I_Y\varepsilon_2+M_Y\varphi_2}$，$D_2=\frac{C_Y\theta_1+E_Y\phi_1-M_Y\varphi_1-I_YV_\pi\varepsilon_1}{1-C_Y\theta_2-I_Y\varepsilon_2+M_Y\varphi_2}$，则：

$$\hat{Y}=D_1+D_2\hat{v}=D_1+D_2\left(\hat{w}-\hat{\lambda}\right) \quad (8\text{–}16)$$

给定工资增长率 $\hat{w}$ 时，

$$\frac{d\hat{Y}}{d\hat{v}}=-\frac{d\hat{Y}}{d\hat{\lambda}}=D_2 \quad (8\text{–}17)$$

D_2 的分子为 v 变动引起的GDP各构成部分变动的直接效应加总；分母为乘数效应。正常来说，分母取值范围为 0 ～ 1。因此，分子的符号决定着 D_2 的符号。当 $D_2>0$ 时，劳动收入份额上升会扩张总需求，总需求机制为“工资拉动型”。当 $D_2<0$ 时，劳动收入份额上升会抑制总需求，总需求机制为“利润拉动型”。

在这里，将本模型与 Naastepad（2006）[122] 模型作简单比较。在 Naastepad（2006）[122] 模型中，消费函数、投资函数、出口函数、进口函数分别被设定为 $C=\left[(1-\sigma_w)v+(1-\sigma_\pi)(1-v)\right]Y$、$I=a_i\pi^{\varepsilon_1}Y^{\varepsilon_2}$、$E=a_eZv^{\phi_1}$、$M=\xi Y$（式中，$\sigma_w$、$\sigma_\pi$ 分别为劳动收入、资本收入的边际消费倾向；ξ 为边际进口倾向），得到均衡值 $D_2=\frac{M_Y(\sigma_\pi-\sigma_w)-\mu^{-1}E_Y\phi_1-\mu^{-1}I_YV_\pi\varepsilon_1}{1-\mu^{-1}I_Y\varepsilon_2}$，式中，$\mu=1-\left(1-\sigma_w\right)v-\left(1-\sigma_\pi\right)\left(1-v\right)+M_Y$。本模型相较于 Naastepad（2006）[122] 模型的改进在于：①进 / 出口函数的模型设定考虑的因素更充分，模型更具一般性，在进行实证估计时能得到更为稳健的结果；②在设定消费函数时，以消费支出关于劳动收入份额、总收入的弹性作为待估参数，使得最终计算得到的均衡值 D_2 在形式上更为直观简洁，且包含的需要以样本均值直接代替参数值

的参数（C_Y、I_Y、E_Y、M_Y、V_π）相对较少，在实证研究时其估计结果更具可靠性。

（二）生产率效应

由于维多恩效应，劳动生产率增长率与总需求（总产出）增长率正相关；同时，人工智能应用通过用机器或机器人替代劳动力，无疑会提高劳动生产率。因此，本节在 Naastepad（2006）[122] 模型的基础上，引入人工智能水平等可能影响生产率的各种因素。此外，由于本节假设工资增长率不变，因此在设定劳动生产率增长函数时，不将工资增长率包含在内，这并不影响最终结论。本节设定劳动生产率的增长函数为

$$\hat{\lambda}=\beta_0+\beta_1\hat{Y}+\beta_2\hat{R}+\alpha'Q \quad \beta_1>0,\ \beta_2>0 \tag{8-18}$$

式中，β_1 为维多恩系数，衡量由总需求决定的总产出增长率对劳动生产率增长率的影响；β_2 衡量人工智能发展水平提升率对劳动生产率增长率的影响；Q 代表可能影响劳动生产率增长率的其他重要变量，包括：

（1）服务业在 GDP 中的占比（sh_s）。根据著名的“鲍莫尔病”理论，相较于制造业或农业，服务业的劳动生产率更难以提高，因此可能具有更低的劳动生产率增长率。为此，服务业占比可能成为整体劳动生产率增长率的重要影响因素。

（2）与先进国家间的经济差距（GAP）。GAP 代表了后发优势，当一个国家与最先进国家间的经济差距（体现为生产率差距）越大，模仿和追赶的空间越大，技术水平越能得到更快的提升，从而实现更高的劳动生产率增长率。

（三）均衡分析

这里对式（8–16）、式（8–18）稍作变形，有

$$\hat{Y}_{DR}=D_1+D_2\hat{w}-D_2\hat{\lambda} \tag{8-19}$$

$$\hat{Y}_{PR}=-(\beta_0+\alpha'Q)\beta_1^*-\beta_2\beta_1^*\hat{R}+\beta_1^*\hat{\lambda};\ \beta_1^*=\frac{1}{\beta_1},\ \beta_1^*>0,\ \beta_2>0 \tag{8-20}$$

式中，$\hat{Y}_{DR}$ 表示当给定实际工资增长率 $\hat{w}$ 时，由劳动生产率增长率 $\hat{\lambda}$ 所决定的产出增长率（来自需求效应）；$\hat{Y}_{PR}$ 表示为维持一定的劳动生产率增长率 $\hat{\lambda}$，产出所需达到的增长率水平（来自生产率效应）。当 $D_2>0$ 时（“工资拉动型”），$\hat{\lambda}$ 上

升所导致的劳动收入份额下降，会使由总需求决定的总产出增长率下降，此时，*DR* 曲线斜率向下（图 8–1）；反之，当 $D_2 < 0$ 时（“利润拉动型”），*DR* 曲线斜率向上（图 8–2）。由于维多恩效应，*PR* 曲线斜率始终向上。

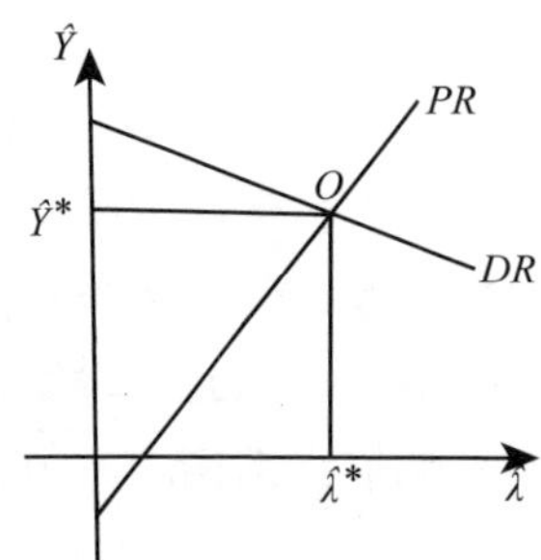

图 8–1　生产率增长与产出增长：工资拉动型

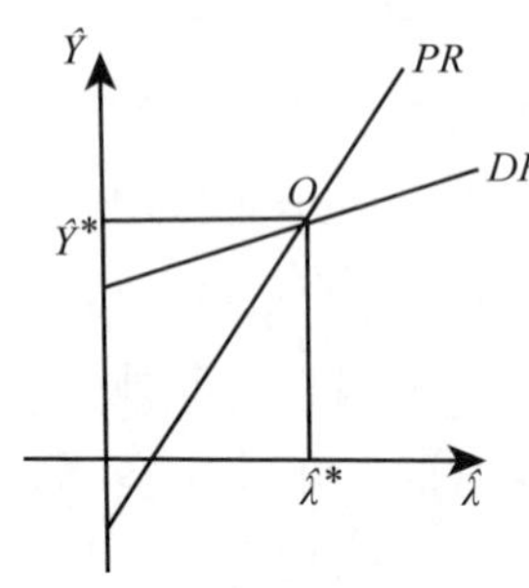

图 8–2　生产率增长与产出增长：利润拉动型

当人工智能发展水平提升率 $\hat{R}$ 上升时，劳动生产率增长率 $\hat{\lambda}$ 也随之上升，在给定实际工资增长率水平 $\hat{w}$ 时，劳动收入份额增长率 $\hat{v}$ 下降，产出增长率 $\hat{Y}_{DR}$ 下降（来自需求效应）。因此，*DR* 曲线会向下平移。此外，当人工智能发展水平提升率 $\hat{R}$ 上升时，为维持一定的劳动生产率增长率 $\hat{\lambda}$，产出所需达到的增长率水平 $\hat{Y}_{PR}$ 也下降了（来自生产率效应），因此，*PR* 曲线会向下平移。

由图 8–3 可见，如果经济体总需求机制属于“工资拉动型”，那么尽管供给层面上的人工智能会提高劳动生产率，但一方面，总供给层面更低的经济增长率就可以维持一定的劳动增长率；另一方面，总需求层面劳动收入份额下降会拉低经济增长率，因此最终均衡经济增长率会下降。由图 8–4 可见，如果经济体总需求机制属于“利润拉动型”，那么，尽管总供给层面更低的经济增长率就可以维持一定的劳动增长率，但是总需求方面劳动收入份额的下降会提高经济增长率，因此最终的均衡经济增长率可能上升，也可能下降。

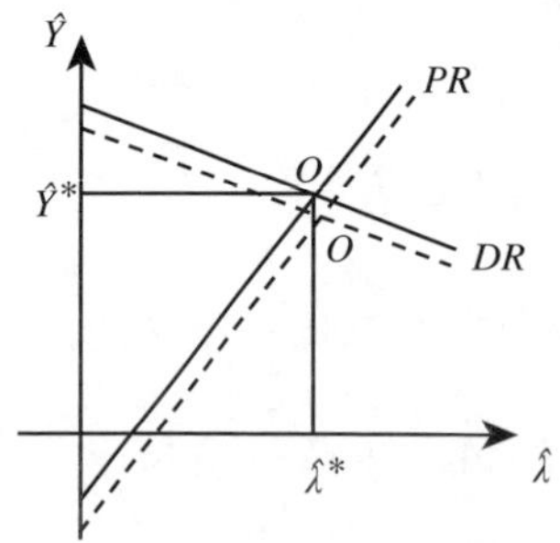

图 8–3　人工智能水平提升效应：工资拉动型

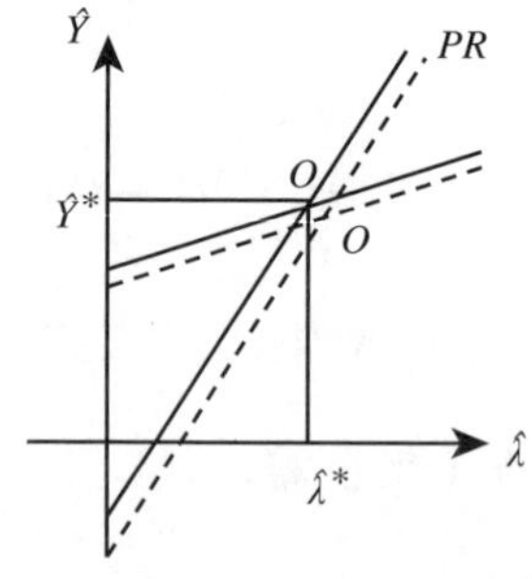

图 8–4　人工智能水平提升效应：利润拉动型

均衡条件要求 $\hat{Y}_{DR}=\hat{Y}_{PR}$。结合式（8–19）和式（8–20），得到均衡时的劳动生产率增长率与总需求增长率：

$$\hat{\lambda}^*=\frac{D_1+(\beta_0+\alpha' Q)\beta_1^*}{\beta_1^*+D_2}+\frac{D_2}{\beta_1^*+D_2}\hat{w}+\frac{\beta_2\beta_1^*}{\beta_1^*+D_2}\hat{R} \tag{8–21}$$

$$\hat{Y}^*=\frac{D_1\beta_1^*-(\beta_0+\alpha Q)\beta_1^*D_2}{\beta_1^*+D_2}+\frac{\beta_1^*D_2}{\beta_1^*+D_2}\hat{w}-\frac{\beta_2\beta_1^*D_2}{\beta_1^*+D_2}\hat{R} \tag{8–22}$$

因此，人工智能水平提升率对均衡经济增长率的影响效应为

$$\frac{d\hat{Y}^*}{d\hat{R}}=-\frac{\beta_2\beta_1^*D_2}{\beta_1^*+D_2}$$

即

$$\frac{d\hat{Y}^*}{d\hat{R}}=-\frac{\beta_2 D_2}{1+\beta_1 D_2} \tag{8–23}$$

显然，当 $D_2>0$ 时（“工资拉动型”），有 $\frac{d\hat{Y}^*}{d\hat{R}}<0$；当 $D_2<-\frac{1}{\beta_1}$ 时，有 $\frac{d\hat{Y}^*}{d\hat{R}}<0$；当 $-\frac{1}{\beta_1}<D_2<0$ 时，有 $\frac{d\hat{Y}^*}{d\hat{R}}>0$。因此，如果经济体总需求机制属于“工资拉动型”，人工智能水平提升率的上升会降低均衡经济增长率。如果经济体总需求机制属于“利润拉动型”，当 D_2 的绝对值大于 $\frac{1}{\beta_1}$ 时，即由劳动收入份额 v 下降引起的 GDP 各构成部分的总增加量比较大时，人工智能水平提升率上升会降低均衡经济增长率；而当 D_2 的绝对值小于 $\frac{1}{\beta_1}$ 时，即由劳动收入份额 v 下降引起的 GDP 各构成部分的总增加量比较小时，人工智能水平提升率上升会提高均衡经济增长率。

四、实证结果

从 2017 年起，《中国统计年鉴》不再公布“地区生产总值收入法构成项目”，因此无法通过收入法 *GDP* 计算劳动收入份额。为了保持衡量指标的一致性，此处将采用 1978—2016 年的时间序列数据进行实证研究。

（一）中国宏观经济增长表现（1978—2016 年）

为了考察本文所涉及的中国经济各个核心变量的长期表现，表 8–4 分时段列

出了这些核心宏观经济变量的平均年增长率。

表 8–4　核心宏观经济变量的分时段平均年增长率

时　期	消　费	投　资	出　口	进　口	GDP	劳动生产率	劳动收入份额
1978—1991 年	8.3542	8.0874	16.6485	13.1501	9.0846	5.1570	0.4339
1992—2001 年	9.7653	11.0639	17.2737	17.6239	10.3500	9.1902	–0.4865
2002—2007 年	9.1394	13.6014	18.3492	18.4367	11.2500	10.6215	–1.4558
2008—2016 年	8.8456	10.5854	6.4405	9.1814	8.6375	8.2592	0.9247
1978—2016 年	8.9692	10.3261	14.8861	14.3584	9.6811	7.8039	–0.0152

资料来源：作者计算得到。其中，关于原始数据来源，详见下文。

1978—1991 年间，中国的改革开放主要处于探索阶段。这一时期内，经济特区的设立与“三来一补”贸易的迅猛发展，使得中国对外贸易开始大幅度攀升，尤其是出口平均年增长率达 16.65%。在改革和出口增长的推动下，经济得到了快速发展，GDP 平均年增长率为 9.08%，消费、投资平均年增长率也分别达到 8.35%、8.09%。然而在农村，由于劳动积极性提高所闲置出来的大量剩余劳动力还没有得到有效转移，隐性失业问题严重，使得劳动生产率的增速较 GDP 增速低得多。劳动收入份额在此时期大体呈上升趋势。相对于此后时期，这一时期经济增长的年度间波动较大，增速也稍低。

1992 年 10 月召开的中国共产党第十四次全国代表大会，明确了中国经济体制改革的目标是建立社会主义市场经济体制。至此，中国坚定不移地走市场化道路，改革开放的步伐加快。1992—2011 年间，经济发展进入更快速、更稳定的增长期，民营经济大量发展，国内经济建设提速，使得投资大幅度增长，平均年增长率达 11.06%，同时也促进了进口的大幅度攀升，其平均年增长率高达 17.62%。大量农民工开始涌入城市岗位，农村剩余劳动力逐步转移出来，使得劳动生产率增速相对于此前时期有了一个飞跃。劳动收入份额在此时期先升后降，总体上略微有所下降。尽管从总体上看，在此时期，经济发展呈现比较稳定的发展态势，但是，逐年间存在微幅下降趋势，这表明，随着改革红利的逐步释放，经济发展的驱动力在逐渐减弱。

2001 年年底，中国正式加入世界贸易组织（World Trade Organization，WTO）。中国加入 WTO 后，所享有的稳定的最惠国待遇和自由贸易带来的优惠，使得对外贸易进入一个新阶段，为经济发展注入了新的动力。2002—2007 年间，经济增长再上一个新台阶，各核心宏观经济变量平均年增长率基本都再创新高，并且呈现逐年间不断上升趋势，表明加入 WTO 给经济发展带来的驱动力在逐渐发挥更强劲的推动作用。这一时期劳动收入份额出现了较大幅度的下降，导致在 GDP 增速更高的情况下，消费增速不升反降，其平均年增长率低于 GDP 平均年增长率 2.11 个百分点。

2008 年国际金融危机，导致欧美经济出现衰退，时至今日仍复苏缓慢。2008—2016 年间，受国际经济形势拖累，中国出口额增速大幅度下滑，其年平均增长率只有 6.44%。尽管在 4 万亿元投资的刺激下，GDP 年平均增长率仍有 8.64%，但存在逐年下降趋势。

正如上文所述，尽管自 1978 年以来，中国 GDP 各构成部分（消费、投资、进出口）都出现了高速增长，但是其相互间的增长速度仍然存在较大的差异，主要表现为，出口与进口增长最快，很多年份增速在 20% 以上，个别年份甚至在 30% 以上；投资增长速度次之，接近一半的年份增速在 10% 以上；消费增长最为缓慢，大多数年份增速低于 10%。消费、投资与进 / 出口增长速度间的差异导致了各自在 GDP 中占比的显著变动。从表 8–5 中可以看出，在四个分时段内，消费在 GDP 中的占比不断下降，从 0.6317（1978—1991 年间均值）下降至 0.5101（2008—2016 年间均值）；进口在 GDP 中的占比不断上升，从 0.1064（1978—1991 年间均值）上升到 0.2938（2008—2016 年间均值）；投资在 GDP 中的占比除了第二个分时段相较于第一个分时段略有下降外，在第三、第四个分时段内大幅度提升，从 0.3808（1978—1991 年间均值）上升至 0.4699（2008—2016 年间均值）；出口在 GDP 中的占比受金融危机的影响，在第四个分时段内略有下降，第二、第三个分时段内都出现了大幅度提升，从 0.0972（1978—1991 年间均值）上升至 0.3144（2008—2016 年间均值）。

表 8–5　GDP 各构成部分在 GDP 中的占比

时　期	消　费	投　资	出　口	进　口
1978—1991 年	0.6317	0.3808	0.0972	0.1064
1992—2001 年	0.5672	0.3743	0.2102	0.1618
2002—2007 年	0.5381	0.4041	0.3243	0.2677
2008—2016 年	0.5101	0.4699	0.3144	0.2938
1978—2016 年	0.5744	0.4015	0.2085	0.1859

资料来源：作者计算得到。

消费（尤其是私有消费）在 GDP 中的占比不断下降，与劳动收入份额的总体下降趋势存在较大关联。劳动收入份额与私有消费两者间的变化趋势具有一定的相似性。由于政府转移支付规模很小，一般家庭从投资中获得的资本收益也很少，因此，劳动收入在中国家户收入中占有很大的比例，直接决定着家庭收入水平和消费水平。

（二）指标衡量与数据来源

1. 指标衡量

在中国的收入法国民经济核算体系中，GDP 被划分为劳动者报酬、营业盈余、固定资产折旧和生产税净额。因此，中国现行 GDP 核算与 1993 年 SNA 的 GDP 核算存在两方面的差异：一方面是，营业盈余和固定资产折旧在中国被分开核算，而在 1993 年 SNA 中被统一包含在营业盈余中；另一方面是，中国 GDP 核算没有引进混合收入概念，它不仅把雇员报酬计入劳动者报酬，也把个体经济收入（混合收入）全部计入劳动者报酬。简而言之，雇员报酬和混合收入在 1993 年 SNA 中被分开核算，而在中国 GDP 核算中被统一包含在劳动者报酬中。

中国收入法 GDP 的核算在 2004 年出现了两个变化：①将个体经营者收入由劳动者报酬改为营业盈余；②将国有和集体农场的营业盈余改为劳动者报酬（国家统计局国民经济核算司，2007—2008 年）。为了使统计口径能与 2004 年以前保持一致，国内学者们在计算 2004 年后的劳动收入份额时按照不同方法进行了调整。有学者发现，当对 2004 年后的数据全部进行调整后，2009 年劳动收入份额较之 2007 年上涨幅度非常大，为此推测是统计口径再次被调到与 2004 年之前相同（张车伟，2012[161]；刘盾等，2014[143]）。因此，本文在根据“地区收入法 GDP”数据计算历年劳动收入份额时，只对 2004—2007 年的数据进行调整。为了将 2004—2007 年间划归到营业盈余的个体经营户的收入（即混合收入）从营业盈余中剔除，重新划归到劳动者报酬，本章采取的具体调整方法如下：

（1）假设个体从业者与工薪劳动者的平均工资相等，则有：

$$\text{个体人员劳动报酬} = \text{劳动者报酬} \times \frac{\text{个体就业人员数}}{\text{总就业人员数} - \text{个体就业人员数}}$$

（2）假设个体从业者与工薪劳动者人均贡献的营业盈余相同，则有：

$$\text{个体人员营业盈余} = (\text{个体人员劳动报酬}) \times \frac{\text{个体就业人员数}}{\text{总就业人员数} - \text{个体就业人员数}}$$

其中，总就业人员数、个体就业人员数均来自《中国统计年鉴》。

混合收入=个体人员劳动报酬+个体人员营业盈余

经调整后的资本劳动者报酬=劳动者报酬+混合收入

经调整后的资本报酬=固定资产折旧+营业盈余−混合收入

调整方法所基于的两个假设条件“个体从业者与工薪劳动者的平均工资相等”“个体从业者与工薪劳动者人均贡献的营业盈余相同”，与周明海等（Zhou et al., 2010[162]）、刘盾等（2014）[143] 提出的调整方法所基于的假设条件相一致。但是，在具体调整方法上有所差异，在本章中，个体从业者的总收入来自两部分加总：依劳动获得的“工资”收入和依资本获得的“营业盈余”收入。在周明海等（Zhou et al., 2010）[162]、刘盾等（2014）[143] 提出的调整方法中，个体从业者的总收入或者等同于受薪雇员的平均工资收入，或者等同于受薪雇员创造的人均营业盈余，为使结果更稳健，取两者的平均值。从理论上来讲，本章采取的调整方法更为合理，因为个体从业者既提供了劳动又提供了资本，其总收入为来自劳动所得与资本所得的混合收入。此外，由于《中国统计年鉴》并未报告 2008 年和 2013 年的地区收入法 GDP 数据，因此缺乏 2008 年和 2013 年的劳动收入份额数值。对于缺失的 2008 年和 2013 年劳动收入份额数值，则分别取其两个相邻年份的均值，即 2008 年劳动收入份额取 2007 年与 2009 年的均值，2013 年劳动收入份额取 2012 年与 2014 年的均值。

信息传输、软件和信息技术服务业增加值被作为人工智能发展水平的代理变量。

2. 数据来源

本书在实证研究中所用到的数据，除进 / 出口函数中的汇率 e 、生产率函数中的第三产业比重 sh_s 是采用当年现价外，其余数据均为按照 2005 年价折算的实际值。

关于劳动收入份额计算的数据来源如下：1978—1992 年数据来源于《中国国内生产总值核算历史资料 1952—1995》；1993—2004 年数据来源于《中国国内生产总值核算历史资料 1952—2004》；2005—2016 年数据来源于《中国统计年鉴》。

信息传输、软件和信息技术服务业增加值来源于《中国统计年鉴》。

e 为年平均汇率，1978—2009 年数据来源于国际货币基金组织 IFS 数据库；2010—2015 年数据来源于《中国统计年鉴》。sh_s 为 GDP 中第三产业增加值占比，数据来源于《中国统计年鉴》。

总产出 Y 、最终消费支出 C 、投资支出 I 、出口 E 、进口 M 均为按 2005 年价折算的实际值，数据来源于联合国 UNSD 数据库。

劳动生产率 λ 是用总产出 Y 除以总就业人员数（年底数）计算出的，总就业人员数（年底数）数据来源于《中国统计年鉴》。

国外总需求 Z 采用的是中国历年来主要十大贸易伙伴的 GDP 总量（2005 年价）。其数据来源于联合国 UNSD 数据库。

经济差距 GAP 选用的是美国（先进技术国家代表）与中国人均 GDP 之间的差距[①]，计算指标为 $GAP=\frac{美国人均GDP-中国人均GDP}{中国人均GDP}$，其中，美国人均 GDP、中国人均 GDP 均为按 ppp（2005 价）折算的实际值。其数据来源于联合国 UNSD 数据库。

本章在实证分析中对劳动收入份额的定义采用“要素法劳动收入份额”。劳动收入份额 v 为第四章第一节中根据地区收入法 GDP 数据所得到的时间序列值。

（三）总需求效应估计

劳动收入份额变动的总需求效应的实证估计，即基于 Bhaduri–Marglin 模型的经验研究，主要有两种估计方法：一种是基于系统的估计方法——VAR 分析，在整个商品市场实现均衡的基础上进行估计，考虑了变量之间的相互作用；另一种是单方程估计方法，分别对消费、投资、出口与进口函数进行估计。两种估计方法各有其优劣势。VAR 分析解决了系统中各变量的内生性问题，但难以确定各个单方程的影响效应，因此难以对劳动收入份额变动引起总需求变动过程中的具体经济关系给予明确解释。单方程估计方法能够为实证结果提供直观明了的具体解释，本章遵循大多数学者的做法，采用单方程估计方法。

式（8–23）中的 β_1、β_2、D_2 是本文实证研究的待估参数，为获取这三个待估参数值，式（8–5）、式（8–7）、式（8–9）、式（8–11）、式（8–18）成为以下实证研究中的待估方程。首先对式（8–5）、式（8–7）、式（8–9）、式（8–11）两边同时取对数，使其成为线性回归模型。所涉及变量均为时间序列数据，为了避免变量之间出现“伪回归”问题，本章将先进行检验，再决定具体的估计方法。回归结果集中在表 8–6 中列示。

遵循 Pesaran et al.（2001）[141] 方法，首先采用 ECM 进行估计，然后对估计结果进行 F 检验，以确认变量间的长期均衡关系是否存在。当经 F 检验发现长期均衡关系不存在时，再来检验各变量的单整阶数，以确定是直接采用 OLS 估计

① 编者注：从理论上讲，计算劳均 GDP 差距更能体现生产率的差距，但是美国的历年劳动人口数无法获取，所以本文计算的是人均 GDP。

法（平稳序列），还是采用一阶差分估计法（非平稳序列）。Pesaran et al.（2001）[141]方法对模型中各变量的单整阶数无约束，无论是 I(0) 系统（所有变量均为 I(0)），还是 I(1) 系统（所有变量均为 I(1)），或者是 I(0)、I(1) 的混合系统（部分变量为 I(0)，另一部分变量为 I(1)），这一方法均适用。因此，相较于 Johansen 的 MLE 估计法，Pesaran et al.（2001）[141]方法具有以下优点：不需要事先对各变量进行单位根检验以确定其单整阶数；在 I(0)、I(1) 的混合系统下，也可以不采用一阶差分估计法而代之以 ECM 进行估计①。回归结果集中在表 8-8 中列示。

1. 消费函数

对消费函数采用 ECM 估计前，需要确定合理模型变量滞后阶数。滞后阶数过高，会带来过度参数化问题；滞后阶数过低，会带来自相关问题，为寻求两者中的最佳平衡点，需要确定合适的滞后阶数。在滞后项的阶数选取上，VAR 模型滞后期的判断准则中的大多数准则（FPE、HQIC、SBIC）表明应选择滞后一阶。所以，针对消费函数，这里采用 OLS 法估计以下 ECM：

$$d[\log(C_t)] = a_0 + a_1\log(C_{t-1}) + a_2\log(v_{t-1}) + a_3\log(Y_{t-1}) + a_4 d[\log(v_t)] + a_5 d[\log(Y_t)]$$

式中，$a_1\log(C_{t-1}) + a_2\log(v_{t-1}) + a_3\log(Y_{t-1})$ 为误差修正项，a_1 为误差修正项系数；$\{-a_2/a_1, -a_3/a_1\}$ 为长期乘数，$-a_2/a_1$ 代表消费支出对劳动收入份额的长期弹性，$-a_3/a_1$ 代表消费支出对总收入的长期弹性。回归结果见表 8-8 中的第（1）列。

2. 投资函数

Pesaran et al.（2001）[141]提供的 F 检验方法拒绝了 $\ln I$、$\ln\pi$、$\ln Y$ 间长期均衡关系的存在。因此，这里需要对 $\ln I$、$\ln\pi$、$\ln Y$ 进行平稳性检验（augmented dickey-fuller，ADF）检验。根据 ADF 检验结果，$\ln I$、$\ln\pi$ 在 1% 的显著水平上为一阶单整序列 I(1)，$\ln Y$ 在 1% 的显著水平上为平稳序列 I(0)，见表 8-6。为此，这里采取一阶差分模型进行估计：

$$d\left[\log(I_t)\right] = b_0 + b_1 d\left[\log(\pi_t)\right] + b_2 d\left[\log(Y_t)\right]$$

回归结果见表 8-8 中的第（2）和第（3）列。

---

① 编者注：在采用一阶差分模型估计时，关于变量水平值的重要信息将被忽略，模型只表达了自变量与因变量之间的短期关系，而没有揭示它们之间的长期关系。Pesaran et al.（2001）根据是否带截距项或时间趋势项，以及截距项或时间趋势项是否受约束，提供了 5 种不同情况下 F 检验在各种显著性水平下的临界值表。

表 8-6　投资函数 ADF 检验结果

变量	检验类型（C,T,K）	ADF 统计量	1% 临界值	5% 临界值	p 值	平稳性
$\ln Y$	（1,1,3）	−4.419***	−4.297	−3.564	0.0020	平稳
$\ln I$	（1,1,1）	−3.176	−4.279	−3.556	0.0893	非平稳
$\Delta\ln I$	（1,0,0）	−4.284***	−3.675	−2.969	0.0005	平稳
$\ln\pi$	（1,1,0）	−2.709	−4.270	−3.552	0.2325	非平稳
$\Delta\ln\pi$	（0,0,0）	−5.056***	−2.642	−1.950	—	平稳

注：（C,T,K）是 ADF 的检验形式，C 是常数项，T 是趋势项，K 是滞后阶数，Δ 表示变量的一阶差分。

资料来源：作者分析整理。

3. 出口函数

Pesaran et al.（2001）[141] 提供的 F 检验方法拒绝了 $\ln E$、$\ln v$、$\ln Z$、$\ln e$ 间长期均衡关系的存在。因此，这里对 $\ln E$、$\ln v$、$\ln Z$、$\ln e$ 进行 ADF 检验。根据 ADF 检验结果，$\ln E$、$\ln v$、$\ln Z$ 在 1% 的显著水平上为一阶单整序列 I(1)，$\ln e$ 在 5% 的显著水平上为平稳序列 I(0)，见表 8–7。为此，这里采取一阶差分模型进行估计，但由于估计结果中，$d\left[\log(e_t)\right]$ 项的回归系数不显著，因此去掉汇率变量 e 重新估计。为处理自相关问题，这里采取 Newey–West 估计法，根据样本容量，选择滞后阶数为 3。考虑到通过差分回归，得出汇率变量 e 不是重要解释变量。因此，去掉此变量后重新进行长期均衡关系检验，但经检验，长期均衡关系仍不存在。所以，本章采用差分估计结果：

$$d\left[\log(E_t)\right]=c_0+c_1d\left[\log(v_t)\right]+c_2d\left[\log(Z_t)\right]$$

回归结果见表 8–8 中的第（4）列。

表 8–7　出口函数 ADF 检验结果

变量	检验类型（C,T,K）	ADF 统计量	1% 临界值	5% 临界值	p 值	平稳性
$\ln E$	（1,0,0）	−2.535	−3.668	−2.966	0.1071	非平稳
$\Delta\ln E$	（1,1,0）	−4.964***	−4.279	−3.556	0.0002	平稳
$\ln V$	（1,1,0）	−2.564	−4.270	−3.552	0.2967	非平稳
$\Delta\ln V$	（0,0,0）	−5.031***	−2.642	−1.950	—	平稳

续表

变量	检验类型（C,T,K）	ADF 统计量	1% 临界值	5% 临界值	p 值	平稳性
$\ln Z$	（1,0,0）	−1.965	−3.668	−2.966	0.3020	非平稳
$\Delta\ln Z$	（1,0,0）	−4.565***	−3.675	−2.969	0.0001	平稳
$\ln E$	（1,0,4）	−3.124**	−3.696	−2.978	0.0248	平稳
$\Delta\ln E$	（1,1,0）	−5.545***	−4.279	−3.556	0.0000	平稳

注：（C,T,K）是 ADF 的检验形式，C 是常数项，T 是趋势项，K 是滞后阶数，Δ 表示变量的一阶差分。

资料来源：作者分析整理。

4. 进口函数

对于进口函数，在滞后项的阶数选取上，VAR 模型滞后期的判断准则中的绝大多数准则（LR、FPE、AIC、HQIC）表明应选择滞后四阶。但由于 $\log(e_{t-1})$、$d\left[\log(e_t)\right]$及其一阶至三阶滞后项、$\log(v_{t-1})$、$d\left[\log(v_t)\right]$及其一阶至三阶滞后项、$d\left[\log(Y_t)\right]$的一阶至三阶滞后项的回归系数均不显著，为此，这里去掉汇率变量 e、劳动收入份额变量 v、$d\left[\log(Y_t)\right]$的一阶至三阶滞后项重新进行估计。因此，针对进口函数，这里估计以下 ECM：

$$d\left[\log(M_t)\right]=d_0+d_1\log(M_{t-1})+d_2\log(Y_{t-1})+d_3d\left[\log(Y_t)\right]+d_4d\left[\log(M_{t-1})\right]+ d_5d\left[\log(M_{t-2})\right]+d_6d\left[\log(M_{t-3})\right]$$

回归结果见表 8–8 中的第（5）列。

表 8–8　劳动收入份额变动的总需求效应回归结果

检验项	（1）	（2）	（3）	（4）	（5）
方程	$d\left[\log(C_t)\right]$	$d\left[\log(I_t)\right]$	$d\left[\log(I_t)\right]$	$d\left[\log(E_t)\right]$	$d\left[\log(M_t)\right]$
常数项	0.3326 （1.29）	-0.0741^{**} （−2.71）		0.0913^{***} （3.20）	-5.4520^{**} （−2.70）
$\log(C_{t-1})$	-0.2450^{**} （−2.06）				
$\log(v_{t-1})$	0.1957^{*} （1.72）				

续表

检验项	(1)	(2)	(3)	(4)	(5)
$\log(Y_{t-1})$	0.2335^{**} (2.14)				0.4795^{**} (2.48)
$\log(M_{t-1})$					-0.3224^{**} (−2.37)
$d[\log(v_t)]$	0.0049 (0.03)			-1.1643^{*} (−1.79)	
$d[\log(Y_t)]$	0.7158^{***} (5.26)	1.8481^{***} (6.38)	1.0836^{***} (15.17)		4.1336^{***} (5.82)
		0.4224 (1.54)	0.7604^{***} (2.86)		
$d[\log(Z_t)]$				1.7418^{**} (2.23)	
$d[\log(M_{t-1})]$					0.1030 (0.70)
$d[\log(M_{t-2})]$					−0.1466 (−1.06)
$d[\log(M_{t-3})]$					-0.5042^{***} (−3.39)
Adj. R^2	0.5091	0.6438	0 .8723		0.5716
DW 统计量	1.5509	1.9967	1.8617		1.5257
F-stat	7.3583***①				6.6415^{**}②
Q 统计量	0.3897	0.6655	0.3710		0.1044
White Test	0.3918	0.4414	0.8387		0.2273

注：括号内为 t 值，* $p < 0.10$，** $p < 0.05$，*** $p < 0.01$。

①检验原假设"$H0：a_1=a_2=a_3=0$"的 F 统计量，以确认长期均衡关系是否存在。此处选取的是带无约束截距项不带时间趋势项模型，采用 Pesaran et al.（2001）提供的临界值。

②检验原假设"$H0：d_1=d_2=0$"的 F 统计量，以确认长期均衡关系是否存在。此处选取的是带无约束截距项不带时间趋势项模型，采用 Pesaran et al.（2001）提供的临界值。

资料来源：作者根据回归结果整理。

表 8-8 中的第（1）列显示的是消费函数的估计结果。协整方程中各项系数均显著，误差修正项系数 a_1 在 5% 水平上显著，检验长期均衡关系是否存在的 F 检验在 1% 水平上显著。与预期相符，误差修正项系数 a_1 为负，消费支出的劳动收入份额长期弹性 $(-a_2/a_1)$ 为正，消费支出的总收入长期弹性 $(-a_3/a_1)$ 也

为正。此外，经调整的 R^2 值较高，DW 检验、怀特检验等各项检验结果较为良好，都表明了模型设定的合理性。经计算，$-a_2/a_1=0.80$，$-a_3/a_1=0.95$，即 $\theta_1=(\partial C/C)/(\partial v/v)=0.80$，$\theta_2=(\partial C/C)/(\partial Y/Y)=0.95$。在长期内，消费支出的收入弹性接近于 1，这一估计结果与预期相符。

对于投资函数，本章按照带截距项、不带截距项两种情形分别进行了估计，估计结果分别见表 8–8 中的第（2）和第（3）列。带截距项的回归结果令人不满意，$\ln\pi$ 的回归系数不显著。考虑到回归方程为一阶差分模型，这里去掉截距项重新进行回归。不带截距项的回归结果有很大改善，$\ln\pi$、$\ln Y$ 均在 1% 的显著性水平下表现显著，且经调整的 R^2 值由 0.64 上升到了 0.87。因此，本章认为不带截距项的差分模型相较于带截距项的差分模型是更为合理的模型设定。根据估计结果，投资支出的利润收入份额弹性为 $\varepsilon_1=(\partial I/I)/(\partial\pi/\pi)=0.76$，投资支出的总产出弹性为 $\varepsilon_2=(\partial I/I)/(\partial Y/Y)=1.08$。投资支出的总产出弹性接近于 1，这一估计结果与预期相符。

表 8–8 中的第（4）列显示的是出口函数的估计结果。出口的劳动收入份额弹性 $\phi_1=(\partial E/E)/(\partial v/v)=-1.16$，出口的国外总需求弹性 $\phi_2=(\partial E/E)/(\partial Z/Z)=1.74$。由于汇率变量 e 不显著，故认为 $\phi_3=(\partial E/E)/(\partial e/e)=0$。$\phi_1$ 绝对值大于 1，表明出口对劳动成本的上升比较敏感。中国的出口产品多为低端产品，主要来自劳动密集型产业，其国际竞争力主要依赖于廉价劳动力。因此，一旦劳动成本上升，国际竞争优势迅速流失，出口额将深受影响。ϕ_2 高达 1.74，表明国际市场景气度对中国出口影响很大，一旦国际市场疲软，出口就会严重受阻。中国出口对劳动成本、国际市场景气度的高度敏感性，体现了出口面对冲击时的脆弱性。2008 年，国际金融危机导致美国经济及全球经济增长放缓，致使美国和欧洲的进口需求疲软。同时，在经历了近 10 年的持续下降后，中国劳动收入份额自 2008 年开始逐步回升。在国际市场疲软、劳动成本上升的双重冲击下，中国出口增长率随之跟着下降，自 2008 年以来，除 2010 年和 2011 年达 10% 以上（主要来自 2009 年的负增长所压制的“需求”的累积性释放），其余年份均低于 10%。

表 8–8 中的第（5）列显示的是进口函数的估计结果。如表所列，协整方程中系数显著。误差修正项系数 d_1、检验长期均衡关系是否存在的 F 检验均在 5% 的显著性水平下表现显著。与预期相符，误差修正项系数 d_1 为负，进口的总收入长期弹性 $(-d_2/d_1)$ 为正。经计算，$-d_2/d_1=1.49$，即 $\varphi_2=(\partial M/M)/(\partial Y/Y)=1.49$。

由于汇率变量 e 、劳动收入份额变量 v 不显著，故认为 $\varphi_1=(\partial M/M)/(\partial v/v)=0$ 、$\varphi_3=(\partial M/M)/(\partial e/e)=0$ 。进口的总收入弹性大于 1，表明随着收入水平的上升，民众消费需求升级，而国内消费产业难以满足，因此，收入增长带来的新增需求中，其大部分流向了国外市场。

通过对消费函数、投资函数、出口函数及进口函数的回归估计，得到了参数 θ_1 、 θ_2 、 ε_1 、 ε_2 、 ϕ_1 、 φ_1 、 φ_2 的估计值。为了获得 D_2 的估计值，还需要计算 C_Y 、 I_Y 、 E_Y 、 M_Y 、 V_π 。对于 GDP 构成及 v/π ，本章除计算了 1978—2016 年整个样本期间的均值，以获得劳动收入份额变动对总需求的总体平均效应，还分别计算了 1978—1991 年、1992—2001 年、2002—2007 年、2008—2016 年不同时段内的均值，以明确劳动收入份额的总需求效应在样本期内的演变情况，见表 8–9。

表 8–9　GDP 构成及 v/π

时　　期	C_Y	I_Y	E_Y	M_Y	V_π	D_2
1978—1991 年	0.6317	0.3808	0.0972	0.1064	1.4846	–0.2679
1992—2001 年	0.5672	0.3743	0.2102	0.1618	1.3837	–0.6300
2002—2007 年	0.5381	0.4041	0.3243	0.2677	1.1768	–0.6913
2008—2016 年	0.5101	0.4699	0.3144	0.2938	1.1943	–0.8725
1978—2016 年	0.5744	0.4015	0.2085	0.1859	1.3483	–0.6656

资料来源：作者计算得到。

表 8–9 最后一列展示了不同时间段内劳动收入份额变动的总需求效应 D_2 。D_2 值均为负，表明在不同时间段内中国总需求机制均为“利润拉动型”，即劳动收入份额上升会导致由总需求决定的总产出增长率下降。这与 Wang（2009）[135]、Molero–Simarro（2015）[140]、Onaran & Galanis（2012）[138] 关于中国总需求机制的研究结论（“利润拉动型”）一致。在 1978—2007 年间，随着出口在 GDP 中占比越来越大，劳动收入份额上升给出口带来的负效应在绝对量上也不断增大，因此“利润拉动型”特征越来越明显。D_2 的绝对值从 1978—1991 年间的 0.27，上升到 1992—2001 年间的 0.63，再上升到 2002—2007 年间的 0.69。其后，在 2008—2016 年间，投资在 GDP 中占比的较大幅度提高，再次增强了“利润拉动型”效应，使得 D_2 的绝对值上升到 0.87。从整个样本期（1978—2015 年）来看，中国劳动收入份额变动对总需求的总体平均效应为 –0.67，即劳动收入份额增长率每上升 1 个百分点，总需求增长率将平均下降 0.67 个百分点。

（四）生产率效应估计

首先对式（8–18）各变量水平值取对数（变量 sh_s、GAP 除外），以获得因变量对自变量的弹性，同时有利于消除异方差问题。Pesaran et al.（2001）[141] 提供的 F 检验方法拒绝了 $\ln\lambda$、$\ln Y$、$\ln R$、sh_s、GAP 间长期均衡关系的存在，表现在 GAP_{t-1} 项系数不显著，但确认了 $\ln\lambda$、$\ln Y$、$\ln R$、sh_s 间长期均衡关系的存在。根据 ADF 检验结果，$\ln Y$、GAP 在 1% 的显著水平上为平稳序列 I(0)，$\ln\lambda$、$\ln R$、sh_s 在 1% 的显著水平上为一阶单整序列 I(1)。为此，本章采取一阶差分模型进行估计，但估计结果不尽如人意。于是，这里去掉变量 GAP，对生产率函数采用 ECM 进行估计。在滞后项的阶数选取上，VAR 模型滞后期的判断准则 LR、AIC 表明应选择滞后四阶，FPE、HQIC 则表明应选择滞后二阶。通过估计结果比较，发现选择滞后二阶更为合理。当采取二阶滞后期进行估计时，$d\left[\log(Y_{t-1})\right]$、$d\left[\log(R)\right]$、$d(sh\_s_{t-1})$ 回归系数均不显著。因此，针对生产率函数，这里估计以下 ECM：

$$
\begin{aligned}
d\left[\log(\lambda_t)\right] = {} & f_0 + f_1\log(\lambda_{t-1}) + f_2\log(Y_{t-1}) + f_3\log(R_{t-1}) + f_4 sh\_s_{t-1} + \\
& f_5 d\left[\log(Y_t)\right] + f_6 d\left[\log(R_t)\right] + f_7 d(sh\_s_t) + f_8 d\left[\log(\lambda_{t-1})\right]
\end{aligned}
$$

如表 8–10 所列，协整方程中各项系数均显著，且符号与预期相符。误差修正项系数 f_1、检验长期均衡关系是否存在的 F 检验均在 1% 的显著性水平下表现显著。维多恩系数为 $\beta_1 = -f_2/f_1 = 0.65$，表明总需求增长率每上升 1 个百分点，劳动生产率增长率上升 0.65 个百分点。劳动生产率的实际工资弹性为 $\beta_2 = -f_3/f_1 = 0.38$，表明人工智能发展水平增长率每上升 1 个百分点，劳动生产率增长率上升 0.38 个百分点。劳动生产率的第三产业比重弹性为 $\alpha = -f_4/f_1 = -0.01$，表明第三产业比重每增加 1 个百分点，劳动生产率增长率将下降 0.01 个百分点。

表 8–10　劳动生产率函数 ECM 估计结果

f_0	f_1	f_2	f_3	f_4	Adj. R^2	DW-statistics	F-stat①	Q-Statistics	White Test
−6.0304***（−3.27）	−0.4848***（−3.07）	0.3148***（3.21）	0.1836***（2.46）	−0.0064**（−2.28）	0.772	2.138	19.198***	0.874	0.107

注：（1）括号内为 t 值，* $p < 0.10$，** $p < 0.05$，*** $p < 0.01$。

（2）①检验原假设“$H0: f_1=f_2=f_3=f_4=0$”的 F 统计量，以确认长期均衡关系是否存在。本章选取的是带无约束截距项不带时间趋势项模型，采用 Pesaran et al.（2001）提供的临界值。
资料来源：作者根据回归结果整理得到。

将 D_2、β_1、β_2 估计值代入式（8-23），可求得 $\frac{d\hat{Y}^*}{d\hat{R}}$。人工智能水平提升的最终（总需求、生产率）效应见表 8-11。

表 8-11　人工智能水平提升的最终（总需求、生产率）效应

时　　期	1978—1991 年	1992—2001 年	2002—2007 年	2008—2016 年	1978—2016 年
D_2	−0.2679	−0.6300	−0.6913	−0.8725	−0.6656
$\frac{d\hat{Y}^*}{d\hat{R}}$	0.1233	0.4054	0.4771	0.7659	0.4458

资料来源：作者计算得到。

人工智能水平提升的总产出效应$\frac{d\hat{Y}^*}{d\hat{R}}$，主要由以下两部分构成。

（1）直接效应（总需求效应）：D_2。

（2）间接效应（生产率效应）$\frac{1-\beta_2}{1+\beta_1 D_2}$：通过人工智能水平提升效应$(1-\beta_2)$与维多恩效应$1/(1+\beta_1 D_2)$共同形成。其中，人工智能水平提升效应通过提升劳动生产率增长率，拉低劳动收入份额原有上升幅度，对直接效应起弱化作用，此时$(1-\beta_2)=0.62$。由于在不同时间段内，总需求机制均为“利润拉动型”，因此维多恩效应会通过降低劳动生产率增长率，扩大劳动收入份额原有上升幅度，对直接效应起着强化作用。在 1978—1991 年、1992—2001 年、2002—2007 年、2008—2016 年各时间段内，$1/(1+\beta_1 D_2)$的取值分别为 1.21、1.68、1.81、2.29，表明维多恩效应的强化作用处于不断增大中。由于在这些时间段内，维多恩效应的强化作用均大于人工智能发展水平提升效应的作用，因此间接效应在总体上对直接效应起着强化作用，且强化作用越来越大。在间接效应的强化作用下，各时间段内的总产出效应分别上升至 0.12、0.41、0.48、0.77，表明人工智能水平增长率每上升 1 个百分点，总产出增长率将分别上升 0.12、0.41、0.48、0.77 个百分点。从整个样本期（1978—2016 年）平均效应来看，$1/(1+\beta_1 D_2)$取值为 1.75，直接效应被间接效应强化，总效应上升为 0.45，表明人工智能水平增长率每上升 1 个百分点，总产出增长率将平均上升 0.45 个百分点。

五、研究结论与政策建议

人工智能水平提升会从总供给层面促进经济增长，而人工智能水平提升意味着用更多的机器来代替劳动力，将会降低劳动收入份额，劳动收入份额又会直接影响消费、投资、进 / 出口，引起总需求的变化。本节同时基于总需求层面和总供给层面探讨了人工智能水平提升对经济增长率的影响。本章通过对 Naastepad 模型的改进与完善，构建了一个更具一般性的同时融合人工智能的发展、收入分配变化的总需求效应与总供给（劳动生产率）效应的经济增长模型。通过理论模型构建与分析的主要研究结论为，如果经济体总需求机制属于“工资拉动型”，人工智能水平提升率上升会降低均衡经济增长率；如果经济体总需求机制属于“利润拉动型”，人工智能水平提升率上升对均衡经济增长率的影响方向依赖于模型中的具体参数，即依赖于具体现实情况。可见，尽管人工智能的发展能提高劳动生产率，但最终不一定会提升经济增长率。至于现实经济中，人工智能的发展究竟是会促进经济增长还是会抑制经济增长，则需要通过进一步的实证研究来验证。如果经济体总需求机制属于“工资拉动型”，为了抑制人工智能的发展通过拉低劳动收入份额对经济增长造成负面影响，政府应该积极创造条件改变模型中的参数，使人工智能的发展最终能促进经济增长。

本章基于所构建的理论模型，通过分析中国 1978—2016 年时间序列数据，基于人工智能的发展对总产出增长的影响效应展开了实证研究。研究表明：

（1）从收入分配变化的总需求效应来看，在不同时间段内，中国总需求机制均为“利润拉动型”，即劳动收入份额上升会导致由总需求决定的总产出增长率下降。在 1978—2007 年间，随着出口在 GDP 中的占比越来越大，劳动收入份额上升给出口带来的负向效应在绝对量上也处于不断增大中，致使“利润拉动型”特征越来越明显。在 2008—2016 年间，投资在 GDP 中的占比较大幅度提高，再次增强了“利润拉动”效应。在整个样本期（1978—2016 年）内，劳动收入份额增长率每上升 1 个百分点，总需求增长率将平均下降 0.67 个百分点。

（2）从人工智能发展的生产率效应来看，人工智能水平提升、总需求增长均会给劳动生产率带来正向效应。人工智能水平增长率每上升 1 个百分点，劳动生产率增长率将上升 0.38 个百分点；而维多恩效应则表现得更强，总需求增长率每上升 1 个百分点，劳动生产率增长率上升 0.65 个百分点。

（3）从人工智能水平提升的总体效应来看，在各个时间段，人工智能水平上升的总产出效应均为正，且正效应随时间增强；在整个样本期内，人工智能水平增长率每上升 1 个百分点，总产出增长率平均上升 0.45 个百分点。

上述实证结论表明，过去30多年间，人工智能水平提升对中国经济增长主要产生的是正向影响。一方面，随着出口以及投资在GDP中的占比越来越大，劳动收入份额的下降导致总需求上升，我国总需求机制的“利润拉动型”特征越来越明显；另一方面，我国人工智能水平提升与生产率增长之间确实正相关，且相关系数较高（0.38）。因此，人工智能水平增长率下降对经济增长、生产率增长的总体效应为正，主要源于总需求机制的“利润拉动型”特征和“高投资、高出口”的特定增长路径。与此同时，劳动收入份额绝对水平下降也成为中国改革开放后出口大幅度增长的重要推动力。在1999—2007年间，中国劳动收入份额呈现一路下降趋势，这意味着实际工资增长率跟不上劳动生产率增长率，使得劳动密集型产品的出口凭借价格优势而强劲增长，并带动经济快速增长。可见，劳动收入份额下降为中国改革开放后的“出口导向型”增长模式提供了重要支持作用。正如Ho-Fung（2015）认为，中国劳动力无限供给及工资停滞主要源于城市产业偏向型发展模式，这成为中国经济奇迹背后的重要特征，中国出口竞争力建立在长期的工资停滞基础上。

需要注意的是，尽管中国过去的“出口导向型”“投资驱动型”增长模式取得了显著成功，造就了中国的“增长奇迹”，但是这种发展模式本身具有脆弱性和不可持续性。主要体现在：其一，中国出口对劳动成本、国际市场景气度具有高度敏感性，出口的劳动收入份额弹性、国外总需求弹性分别高达-1.16、1.74，一旦出现劳动成本上升或国际市场疲软方面的冲击，出口就会严重受阻。其二，从国外学者基于Bhaduri-Marglin模型对开放经济下的国家（美国、英国、法国、德国等）的实证研究来看，这些国家的总需求机制主要表现为“工资拉动型”。原因在于，作为一个大国，产能和国内市场容量巨大，当其出口量增加到一定程度，最终会受国际市场容量所限，因此出口依存度维持在适度水平，转而提高实际工资和劳动收入份额、扩大国内需求成为总需求增长的主要机制。实际上，2008年国际金融危机以来，出口市场的收缩，越南、印度等拥有更廉价劳动力国家投资环境的改善，使得中国出口面临着严峻挑战，“出口导向型”增长模式亟待转型。其三，大量的公共投资尽管在短期可以阻止经济下滑，但是带来了沉重的财政负担和地方政府债务加重，导致资本的边际生产率下滑、许多产业出现过剩产能、资源配置效率下降、环境资源过度消耗等一系列问题。

我国政府多次强调，“坚持在经济增长的同时实现居民收入同步增长、在劳动生产率提高的同时实现劳动报酬同步提高”。

本章的研究表明，持续提高人工智能水平将成为推动我国中长期经济发展的重要举措。其一，人工智能水平的提高不仅直接推动生产率水平提高，并且在“工资拉动型”总需求机制下，还会带来总需求提高，进而通过维多恩效应带来生产率的提高，即人工智能水平提高在总需求、生产率方面的正向效应叠加，成为推动产业升级的重要动力；其二，人工智能水平提高能够促进供给侧结构性改革，促使更多民众投身创新创业活动，促进民间投资和劳动力、人才的社会性流动，优化资源配置和补齐发展短板。

当前，中国已经制定和实施供给侧结构性改革政策，旨在提高经济发展的质量和效率，促进产业结构升级和转变经济发展方式。本章的研究还表明，通过相关政策与措施大力促进人工智能发展，是实行供给侧结构性改革、发展新质生产力、提高经济生产力及促进经济增长的重要途径。

第二节　人工智能、劳动力再配置与工资收入差距

一、问题提出

人工智能的发展与应用，给劳动力市场带来了新一轮“机器换人”的冲击。被人工智能直接替代的工人一般来说不会就此退出劳动力市场，他们将会与其他在岗工人进行竞争，从而引发劳动力资源在工作岗位上的重新配置，进而引起不同岗位之间相对工资水平的变动。那么，面对人工智能冲击，劳动力资源将会如何进行重新配置？相对工资水平又会发生什么样的变化？对这两个问题的研究将有助于我们对未来的劳动力要素流动和收入分配格局变动形成一个基本的预期，从而更好地促进劳动力供给和就业政策、收入分配政策的改进与完善。

关于人工智能等自动化技术对劳动力市场的冲击影响，现有研究主要是针对传统自动化技术的，认为自动化主要替代的是中等技能工人承担的常规任务，因此会带来工资极化现象（Autor et al.，2006[16]；Feng & Graetz，2015[17]；Cortes，2016[19]；Goos et al.，2014[20]；Autor & Dorn，2013[36]）。另有一部分学者在将工人分为低技能和高技能时，认为自动化主要替代的是低技能工人，因此提高了技能溢价（Pretter & Strulik，2017[31]；Hemous & Olsen，2016[32]；Susskind，2017[33]）。总体上讲，在通过构建理论模型研究自动化技术对工资收入差距的影响时，学者们主要针对的是传统自动化技术，即假设自动化替代的是中等技能工人，或者将工人类型简单地分为低技能工人和中等技能工人，假设自动化替代的是低技能工人。而理论分析结论正依赖于自动化所替代的工人类型这一关键性假

设，即替代的是中等技能工人会带来工资极化，而替代的是低技能工人则会提高技能溢价。但近 20 年来人工智能的发展与应用，使得除了常规任务外，非常规操作型任务和抽象任务也面临着自动化的风险。目前只有 Acemoglu & Restrepo（2017）[29] 同时研究了人工智能对低技能和高技能工人替代分别给工资收入差距带来的影响效应。而人工智能的发展与应用，意味着自动化技术发展到一个新的阶段，使得低技能工人承担的非常规操作型任务和高技能工人承担的抽象任务都开始面临自动化的风险，同时常规任务的自动化也进一步被推进。本节将进一步通过构建理论模型同时研究人工智能等自动化技术对低、中等、高技能工人进行替代情形下分别对工资收入差距产生的影响效应。

本节将通过构建一个基于工作任务的理论模型，研究当人工智能使得不同类型任务自动化程度提升时，劳动力资源的重新配置状况和相对工资水平的变动情况。在本节所构建的模型中，经济中存在三种类型任务：非常规操作型任务、常规任务、抽象任务，分别对应于低、中等、高技能工人；工人技能呈连续性分布；不同类型任务的自动化程度为外生变量，工人与任务间的匹配以及工资水平则内生决定。研究结论表明：

（1）不同类型任务自动化程度的提升，所引起的劳动力资源重新配置方向也不同。当非常规操作型任务的自动化程度提升时，从事非常规操作型任务中技能最高的一部分人会转向常规任务，同时从事常规任务中技能较高的一部分人会转向抽象任务；当常规任务的自动化程度提升时，从事常规任务中技能较低的一部分人转向非常规操作型任务，从事常规任务中技能较高的一部分人转向抽象任务；当抽象任务的自动化程度提升时，从事抽象任务中技能较低的一部分人会转向常规任务，从事常规任务中技能较低的一部分人会转向非常规操作型任务。

（2）非常规操作型任务的自动化程度提升，不同类型任务间工资收入差距会扩大；常规任务的自动化程度提升，会出现工资极化现象；抽象任务的自动化程度提升，不同类型任务间工资收入差距会缩小。

（3）任何类型任务自动化程度的提升都会带来所有类型任务的供给量上升，以及最终产品总产量的增加。

本节的学术贡献主要体现在三个方面：①本节的研究假设。以往相关研究主要是针对传统自动化技术的，即替代的是中等技能工人或低技能工人；本节研究凸显出人工智能在就业替代模式上与传统自动化技术的区别性，即同时使各类型工人面临着（进一步）被替代的风险。②本节所构建的理论模型。本节构建了一个基于工作任务的研究人工智能的劳动力市场影响效应的理论模型，在模型中，不同类型任务的自动化程度为外生变量，工人与任务间的匹配以及工资水平则内生决定。③本节的研究结论。本节研究指出，不同类型任务自动化程度的提升，所引起的劳动力资源重新配置方向不同，对工资收入差距的影响也具有差异。

二、理论模型构建

这一部分将基于工作任务的分析框架，建立一个包含产品市场和劳动力市场的局部均衡模型。在模型中，不同类型工作任务的自动化程度是外生决定的，不同技能工人与任务类型的匹配则内生决定。

（一）生产函数的设定

假设最终产品的生产都是通过完成一系列的任务来实现的。这些任务按类型划分为三种：非常规操作型任务、常规任务和抽象任务，最终产品的生产依赖于这三种类型任务的同时执行。最终产品的产出函数为柯布－道格拉斯函数：

$$Y = M^{\alpha} R^{\beta} A^{\gamma} \alpha, \beta, \gamma \in (0,1) \alpha + \beta + \gamma = 1 \quad (8\text{-}24)$$

式中，M、R、A 分别代表非常规操作型任务、常规任务、抽象任务，这三种类型任务均同时由人工和机器提供。其中，不同类型任务由机器完成的占比代表了该类型任务自动化程度的高低。假设资本足够充足，租金足够低，对于技术上可以实现自动化的子类型任务，企业用机器或机器人进行自动化是有利可图的。假设非常规操作型任务、常规任务、抽象任务中可以由机器提供的供给量占比分别为 G_M、G_R、G_A，自动化程度的提升意味着 G_M、G_R、G_A 的上升。假设由人工提供的非常规操作型任务、常规任务、抽象任务供给量分别为 M_L、R_L、A_L，则

$$M_L = (1 - G_M)M,\ R_L = (1 - G_R)R,\ A_L = (1 - G_A)A$$

（二）工人的技能分布及生产率

假设劳动力市场上工人技能 i 在区间 $[0,1]$ 内呈连续性分布，即 $i \in [0,1]$，并且，工人在技能区间 $[0,1]$ 内的分布密度为 $\tau(i)$。

假设技能为 i 的工人在非常规操作型任务（M）、常规任务（R）、抽象任务（A）中的生产率分别为 $r_M(i)$、$r_R(i)$、$r_A(i)$，并且有如下假设：

假设 1：$r_M(i)$、$r_R(i)$、$r_A(i)$ 连续，且均随着 i 值的增加而上升。

假设 1 意味着对于同一类型任务，工人的技能越高，生产率越高。

假设 2：$r_M(i)>r_R(i)>r_A(i)$，即同一技能 i 的工人在非常规操作型任务（M）、常规任务（R）、抽象任务（A）中的生产率依次递减。

这是由于从任务完成难度上来讲，非常规操作型任务最简单，抽象任务最难，常规任务难度居中。因此，同一技能工人，从事非常规操作型任务时生产率最高，从事抽象任务时生产率最低，从事常规任务时生产率居中。

假设 3（相对优势假设）：$r_R(i)/r_M(i)$、$r_A(i)/r_R(i)$ 均随着 i 值的增加而上升。

假设 3 意味着，随着 i 值的增加，$r_A(i)$ 上升速度最快，$r_R(i)$ 上升速度次之，$r_M(i)$ 上升速度最慢。因此，随着 i 值的增加，相对于非常规操作型任务，从事常规任务更具有相对优势；相对于常规任务，从事抽象任务更具有相对优势。

（三）工人的工资水平

通过对式（1）生产函数求偏导，可得非常规操作型任务、常规任务、抽象任务的边际产出分别为

$$MP_M=\alpha M^{\alpha-1}R^{\beta}A^{\gamma},\quad MP_R=\beta R^{\beta-1}M^{\alpha}A^{\gamma},\quad MP_A=\gamma A^{\gamma-1}M^{\alpha}R^{\beta}$$

因此，技能为 i 的工人从事非常规操作型任务、常规任务、抽象任务的工资水平分别为

$$W_M(i)=\alpha r_M(i)M^{\alpha-1}R^{\beta}A^{\gamma} \tag{8-25}$$

$$W_R(i)=\beta r_R(i)R^{\beta-1}M^{\alpha}A^{\gamma} \tag{8-26}$$

$$W_A(i)=\gamma r_A(i)A^{\gamma-1}M^{\alpha}R^{\beta} \tag{8-27}$$

可见，工人的工资水平一方面与其技能水平 i 相关，另一方面与其从事的任务类型相关。同一技能水平工人（技能为 i）从事不同类型的任务，其生产率会存在差异，同时不同类型任务的溢价（等于其边际生产力）也存在差异。

根据假设 3，随着 i 值的增加，$r_A(i)$ 上升速度最快，$r_R(i)$ 上升速度次之，$r_M(i)$ 上升速度最慢，因此在给定非常规操作型任务、常规任务、抽象任务供给量的前提下，随着 i 值的增加，$W_A(i)$ 上升速度最快，$W_R(i)$ 上升速度次之，$W_M(i)$ 上升速度最慢，这意味着，抽象任务中技能溢价最高，常规任务中技能溢价居中，非常规操作型任务中技能溢价最低。

由式（8-25）～式（8-27）可知技能 i 的工人从事不同类型任务的相对工资水平为

$$\frac{W_R(i)}{W_M(i)} = \frac{\beta r_R(i) M}{\alpha r_M(i) R} \tag{8-28}$$

$$\frac{W_A(i)}{W_R(i)} = \frac{\gamma r_A(i) R}{\beta r_R(i) A} \tag{8-29}$$

由此可见，技能 i 的工人从事两种不同类型任务的相对工资水平与该工人在这两种任务上的相对生产率成正比，与这两种任务的相对供给量成反比。之所以与相对供给量成反比，是因为供给量越大的任务，其带来的边际最终产品产出越小。这里将 $W_R(i)/W_M(i)$、$W_A(i)/W_R(i)$ 定义为同一技能水平上（技能为 i）的职业溢价。技能溢价主要是由不同技能水平工人从事某种类型任务时的生产率差异（$r_M(i)$、$r_R(i)$、$r_A(i)$）造成的，而职业溢价同时来源于同一技能水平工人从事不同类型任务时的生产率差异（$r_R(i)/r_M(i)$、$r_A(i)/r_R(i)$）与不同类型任务的供给量差异（M/R、R/A）。

根据假设 3，$r_R(i)/r_M(i)$、$r_A(i)/r_R(i)$ 均随着 i 值的增加而上升。因此，在给定非常规操作型任务、常规任务、抽象任务供给量的前提下，$W_R(i)/W_M(i)$、$W_A(i)/W_R(i)$ 也均随着 i 值的增加而上升。这表明，相对于非常规操作型任务，工人的技能 i 越高，从事常规任务越有利可图，即从事常规任务较从事非常规操作型任务的相对工资水平更高；相对于常规任务，工人的技能 i 越高，从事抽象任务越有利可图，即从事抽象任务较从事常规任务的相对工资水平更高。

二、均衡求解

这一部分将通过工人与不同类型任务的匹配机制，以及均衡条件的分析对模型进行均衡求解。

（一）工人与任务的匹配

根据式（8-28）和式（8-29）有，工人的技能 i 越高，相对于非常规操作型任务，从事常规任务越有利可图，而相对于常规任务，从事抽象任务又更有利可图。这里假设，均衡状态下，三种类型的任务都会被不同的工人所选择。由此可知，技能 i 最低的工人会从事非常规操作型任务，技能 i 居中的工人会从事常规任务，技能 i 最高的工人会从事抽象任务。也就是说，非常规操作型任务、常规任务和抽象任务，大致对应于按收入或教育衡量的低、中等、高技能职业，这与

Autor et al.（2006）[16] 的假设相一致。因此，非常规操作型任务、常规任务和抽象任务从左到右依次分布于技能领域 $i\in[0,1]$，这里假设三种类型任务之间的均衡分界点分别为 E、F 点，即 $0<E<F<1$，如图 8–5 所示。

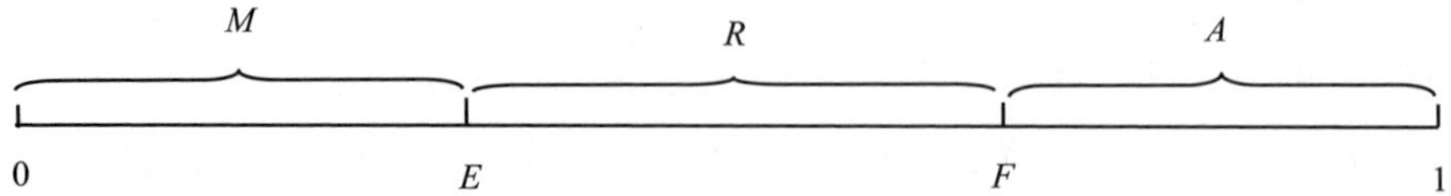

图 8–5　不同技能工人与工作任务领域的匹配

因此，由人工提供的非常规操作型任务、常规任务、抽象任务供给量分别为

$$M_L=\int_0^E r_M(i)d\tau(i)、R_L=\int_E^F r_R(i)d\tau(i)、A_L=\int_F^1 r_A(i)d\tau(i)$$

故而，非常规操作型任务、常规任务、抽象任务的总供给量分别为

$$M=\frac{1}{1-G_M}\int_0^E r_M(i)d\tau(i) \tag{8–30}$$

$$R=\frac{1}{1-G_R}\int_E^F r_R(i)d\tau(i) \tag{8–31}$$

$$A=\frac{1}{1-G_A}\int_F^1 r_A(i)d\tau(i) \tag{8–32}$$

由式（8–28）～式（8–32）有

$$\frac{W_R(i)}{W_M(i)}=\frac{\beta(1-G_R)r_R(i)\int_0^E r_M(i)d\tau(i)}{\alpha(1-G_M)r_M(i)\int_E^F r_R(i)d\tau(i)} \tag{8–33}$$

$$\frac{W_A(i)}{W_R(i)}=\frac{\gamma(1-G_A)r_A(i)\int_E^F r_R(i)d\tau(i)}{\beta(1-G_R)r_R(i)\int_F^1 r_A(i)d\tau(i)} \tag{8–34}$$

（二）均衡条件分析

由于 E 点、F 点为非常规操作型任务、常规任务、抽象任务在技能领域分布的均衡分界点，因此有

$$W_R(E)=W_M(E) \tag{8–35}$$

$$W_A(F)=W_R(F) \tag{8–36}$$

由于 $W_R(i)/W_M(i)$、$W_A(i)/W_R(i)$ 均随着 i 值的增加而上升，结合式（8–33）

和式（8–34）可得出以下结论。

（1）当技能 $i\in[0,E)$ 时，$W_R(i)/W_M(i)<1$、$W_A(i)/W_R(i)<1$，即 $W_M(i)>W_R(i)>W_A(i)$，于是，技能 $i\in[0,E)$ 的工人会选择从事非常规操作型任务。

（2）当技能 $i\in(E,F)$ 时，$W_R(i)/W_M(i)>1$、$W_A(i)/W_R(i)<1$，即 $W_R(i)>W_M(i)$、$W_R(i)>W_A(i)$，于是，技能 $i\in(E,F)$ 的工人会选择从事常规任务。

（3）当技能 $i\in(F,1]$ 时，$W_R(i)/W_M(i)>1$、$W_A(i)/W_R(i)>1$，即 $W_A(i)>W_R(i)>W_M(i)$，于是，技能 $i\in(F,1]$ 的工人会选择从事抽象任务。

结合式（8–33）~式（8–36）有

$$\frac{r_R(E)}{r_M(E)}=\frac{\alpha(1-G_M)\int_E^F r_R(i)d\tau(i)}{\beta(1-G_R)\int_0^E r_M(i)d\tau(i)} \tag{8–37}$$

$$\frac{r_A(F)}{r_R(F)}=\frac{\beta(1-G_R)\int_F^1 r_A(i)d\tau(i)}{\gamma(1-G_A)\int_E^F r_R(i)d\tau(i)} \tag{8–38}$$

因此，式（8–37）和式（8–38）决定了分界点 E、F 的均衡取值，即决定了工人与不同类型任务的均衡匹配。在均衡状态下，对于分界点两边的任务，技能处于分界点的工人（$i=E$、F）没有更换任务类型的动机，即无论执行哪一任务，获得的工资水平是一样的。

均衡状态下，即 E、F 取均衡值时，$W_A(i)$、$W_R(i)$、$W_M(i)$ 相互间的关系如图 8–6 所示。

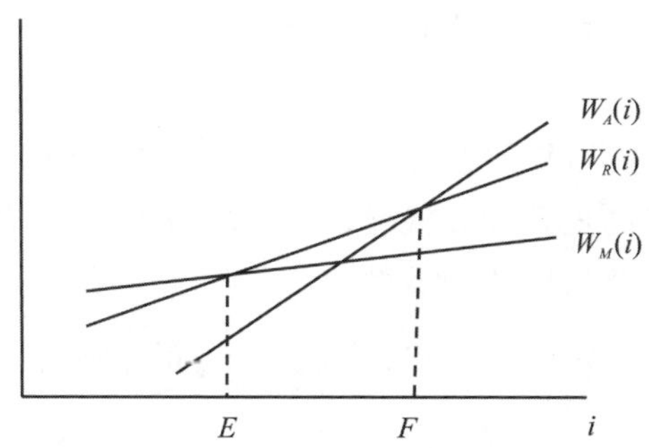

图 8–6　从事不同类型任务的工资水平

当 E、F 取均衡值时，$W_A(i)$、$W_R(i)$、$W_M(i)$ 的位置均固定下来，即 $W_A(i)$、

$W_R(i)$、$W_M(i)$仅为工人技能 i 的函数，并且此时，$W_A(i)$、$W_R(i)$的交点刚好为 E 点的均衡值，$W_R(i)$、$W_M(i)$的交点刚好为 F 点的均衡值。其经济含义是，当技能 $i\in[0,E)$ 的工人从事非常规操作型任务，技能 $i\in(E,F)$ 的工人从事常规任务，技能 $i\in(F,1]$ 的工人从事抽象任务时，技能为 E 的工人从事非常规操作型任务与从事常规任务将获得相同的工资水平，而技能为 F 的工人从事常规任务与从事抽象任务将获得相同的工资水平。

（三）比较静态分析

学者们普遍认为自动化主要取代了常规任务(Autor et al.,2003[15]；Autor et al., 2006[16]；Goos & Manning，2007[24]；Michaels et al.，2014[25]；Gregory et al.，2016[26]；Jaimovich et al.，2020[27]）。实际上，常规任务的自动化主要是由传统自动化技术实现的，包括蒸汽动力和电力的采用、20 世纪初机械化的进展及 20 世纪中后期信息技术的进步。人工智能的发展与应用，使得非常规操作型任务面临着自动化的逐渐渗透，在零售业、批发业、餐饮业和金融业等行业中，自助结账、机器人服务员、自动化客户服务和其他形式的自动化已经扩散开来。与此同时，非常规认知任务（抽象任务）也在面临着自动化的风险。最近的技术进步表明，许多非常规任务可以自动化，包括驾驶汽车、部分法律研究和某些类型的医疗诊断（Frey & Osborne，2013[28]）。由于人工智能的发展而面临（部分）自动化的职业包括会计、抵押贷款发放、管理咨询、财务规划、律师助理和各种医学专业，包括放射科、全科甚至外科（Acemoglu & Restrepo，2017[29]）。此外，通过引入智能化设施，人工智能的发展应用也使得常规任务的自动化进一步被推进。因此，人工智能的发展与应用，会同时使非常规操作型任务、常规任务、抽象任务面临着自动化的进一步冲击。

下面将分别讨论当非常规操作型任务、常规任务、抽象任务的自动化程度提升时，工人在任务领域的重新配置状况，以及从事不同类型任务的工人相对工资水平的变动情况。在本节所构建的模型中，非常规操作型任务、常规任务、抽象任务自动化程度的提升分别意味着 G_M、G_R、G_A 的上升。

定义：

$$M(E)=\int_0^E r_M(i)d\tau(i) \tag{8-39}$$

$$R(E,F)=\int_E^F r_R(i)d\tau(i) \tag{8-40}$$

$$A(F)=\int_F^1 r_A(i)d\tau(i) \tag{8-41}$$

$$\mu(E)=\frac{r_R(E)}{r_M(E)} \tag{8-42}$$

$$\upsilon(F)=\frac{r_A(F)}{r_R(F)} \tag{8-43}$$

则有$M'(E)>0$、$R_E(E,F)<0$、$R_F(E,F)>0$、$A'(F)<0$、$\mu'(E)>0$、$\upsilon'(F)>0$。

命题 1a：当非常规操作型任务（M）的自动化程度提升，从事非常规操作型任务（M）中技能最高（i值最大）的一部分人会转向常规任务（R），同时从事常规任务（R）中技能最高（i值最大）的一部分人会转向抽象任务（A）。

命题 1b：当非常规操作型任务（M）的自动化程度提升，常规任务与非常规操作型任务相对工资水平$W_R(i)/W_M(i)$、抽象任务与常规任务相对工资水平$W_A(i)/W_R(i)$均出现上升，即不同类型任务间的工资收入差距拉大了。

结合式（8–37）～式（8–43）有

$$\ln\mu(E)=\ln\frac{\alpha}{\beta}+\ln(1-G_M)-\ln(1-G_R)+\ln R(E,F)-\ln M(E) \tag{8-44}$$

$$\ln\upsilon(F)=\ln\frac{\beta}{\gamma}+\ln(1-G_R)-\ln(1-G_A)+\ln A(F)-\ln R(E,F) \tag{8-45}$$

结合式（8–44）～式（8–45）有

$$\ln\mu(E)+\ln\upsilon(F)=\ln\frac{\alpha}{\gamma}+\ln(1-G_M)-\ln(1-G_A)+\ln A(F)-\ln M(E) \tag{8-46}$$

分别对式（8–45）～式（8–46）两边求全微分，有

$$\begin{bmatrix}\dfrac{R_E(E,F)}{R(E,F)} & \dfrac{R_F(E,F)}{R(E,F)}+\dfrac{\upsilon'(F)}{\upsilon(F)}-\dfrac{A'(F)}{A(F)}\\ \dfrac{M'(E)}{M(E)}+\dfrac{\mu'(E)}{\mu(E)} & \dfrac{\upsilon'(F)}{\upsilon(F)}-\dfrac{A'(F)}{A(F)}\end{bmatrix}\begin{bmatrix}dF\\ dF\end{bmatrix}\begin{bmatrix}0\\ =\\ \dfrac{-1}{1-F_M}\end{bmatrix}dG_M \tag{8-47}$$

则有

$$\frac{dE}{dG_M}=\frac{\frac{A'(F)}{A(F)}-\frac{\upsilon'(F)}{\upsilon(F)}-\frac{R_F(E,F)}{R(E,F)}}{\Delta}\bullet\frac{-1}{1-G_M}<0 \quad (8\text{–}48)$$

$$\frac{dE}{dG_M}=\frac{\frac{R_E(E,F)}{R(E,F)}}{\Delta}\bullet\frac{-1}{1-G_M}<0 \quad (8\text{–}49)$$

式中，Δ为式（8–47）最左侧矩阵对应的行列式。

可见，当非常规操作型任务的自动化程度提升时，非常规操作型任务与常规任务的分界点E点、常规任务与抽象任务的分界点F点均会左移，这意味着，从事非常规操作型任务中技能最高（i值最大）的一部分人会转向常规任务，同时从事常规任务中技能最高（i值最大）的一部分人会转向抽象任务。

这是由于，非常规操作型任务自动化程度的提升意味着非常规操作型任务中由人工完成的占比下降，在工人与任务类型的初始均衡匹配状态下，非常规操作型任务总供应量就会上升，从而使边际生产力MP_M下降，同一技能水平i下，非常规操作型任务的工资水平$W_M(i)$下降，这导致在初始均衡分界点E点的某左邻域内，会出现$W_M(i)<W_R(i)$，即从事常规任务比从事非常规操作型任务更有利可图。因此，从事非常规操作型任务中技能最高（i值最大）的一部分人会从非常规操作型任务转向常规任务。而当从事非常规操作型任务中技能最高（i值最大）的一部分人转向常规任务时，常规任务总供应量也会上升，从而使边际生产率MP_R下降，同一技能水平i下，常规任务的工资水平$W_R(i)$也出现下降。因此，在F点的某左邻域内，会出现$W_R(i)<W_A(i)$，从而诱使从事常规任务中技能最高（i值最大）的一部分人会转向抽象任务。

结合式（8–30）式～（8–32）、式（8–37）、式（8–38）、式（8–42）、式（8–43）有

$$\frac{R}{M}=\frac{\beta}{\alpha}\bullet\mu(E) \quad (8\text{–}50)$$

$$\frac{A}{R}=\frac{\gamma}{\beta}\bullet\upsilon(F) \quad (8\text{–}51)$$

因而有

$$\frac{d(R/M)}{dG_M}=\frac{\beta}{\alpha}\bullet\mu'(E)\bullet\frac{dE}{dG_M}<0 \quad (8\text{–}52)$$

$$\frac{d(A/R)}{dG_M}=\frac{\gamma}{\beta}\bullet\upsilon'(F)\bullet\frac{dF}{dG_M}<0 \tag{8-53}$$

由此可见，当非常规操作型任务的自动化程度提升时，常规任务与非常规操作型任务的相对供给量、抽象任务与常规任务的相对供给量分别出现了下降。

结合式（8-33）和式（8-34）有

$$\frac{\partial\left(W_R(i)/W_M(i)\right)}{\partial G_M}>0 \tag{8-54}$$

$$\frac{\partial\left(W_A(i)/W_R(i)\right)}{\partial G_M}>0 \tag{8-55}$$

因此，当非常规操作型任务的自动化程度提升时，同一技能水平上，常规任务与非常规操作型任务的相对工资水平 $W_R(i)/W_M(i)$、抽象任务与常规任务的相对工资水平 $W_A(i)/W_R(i)$ 均出现上升，即不同类型任务间的工资收入差距拉大了。这是由于，当非常规操作型任务的自动化程度提升时，常规任务与非常规操作型任务的相对供给量、抽象任务与常规任务的相对供给量分别出现了下降，从而导致常规任务与非常规操作型任务的相对边际生产力、抽象任务与常规任务的相对边际生产力分别出现了上升。

命题 2a：当常规任务（ R ）的自动化程度提升，从事常规任务（ R ）中技能最低（ i 值最小）的一部分人转向非常规操作型任务（ M ），从事常规任务（ R ）中技能最高（ i 值最大）的一部分人转向抽象任务（ A ）。

命题 2b：当常规任务（ R ）的自动化程度提升，常规任务与非常规操作型任务的相对工资水平 $W_R(i)/W_M(i)$ 会下降，而抽象任务与常规任务间的相对工资水平 $W_A(i)/W_R(i)$ 会上升，即会出现工资极化现象。

分别对式（8-45）和式（8-46）两边求全微分，有

$$\begin{bmatrix}\dfrac{M'(E)}{M(E)}+\dfrac{\mu'(E)}{\mu(E)} & \dfrac{\upsilon'(F)}{\upsilon(F)}-\dfrac{A'(F)}{A(F)}\\ \dfrac{R_E(E,F)}{R(E,F)} & \dfrac{R_F(E,F)}{R(E,F)}+\dfrac{\upsilon'(F)}{\upsilon(F)}-\dfrac{A'(F)}{A(F)}\end{bmatrix}\begin{bmatrix}dE\\ dF\end{bmatrix}=\begin{bmatrix}0\\ \dfrac{-1}{1-G_R}\end{bmatrix}dG_R \tag{8-56}$$

则有

$$\frac{dE}{dG_R}=\frac{\dfrac{A'(F)}{A(F)}-\dfrac{\upsilon'(F)}{\upsilon(F)}}{\Delta}\bullet\frac{-1}{1-G_R}>0 \tag{8-57}$$

$$\frac{dE}{dG_R}=\frac{\frac{M'(E)}{M(E)}+\frac{\mu'(E)}{\mu(E)}}{\Delta}\bullet\frac{-1}{1-G_R}<0 \quad (8\text{–}58)$$

式中，Δ为式（8–56）最左侧矩阵对应的行列式。

可见，当常规任务的自动化程度提升时，非常规操作型任务与常规任务的分界点E点会右移，而常规任务与抽象任务的分界点F点会左移，这意味着，从事常规任务中技能最低（i值最小）的一部分人会转向非常规操作型任务，同时从事常规任务中技能最高（i值最大）的一部分人会转向抽象任务。

这是由于，常规任务自动化程度的提升意味着常规任务中由人工完成的占比下降，在工人与任务类型的初始均衡匹配状态下，常规任务总供应量就会上升，从而使边际生产力MP_R下降，同一技能水平i下，常规任务的工资水平$W_R(i)$下降。因此，一方面，在初始均衡分界点E点的某右邻域内，会出现$W_M(i)>W_R(i)$，即从事非常规操作型任务比从事常规任务更有利可图，从而使得从事常规任务中技能最低（i值最小）的一部分人会从常规任务转向非常规操作型任务；另一方面，在初始均衡分界点F点的某左邻域内，会出现$W_A(i)>W_R(i)$，即从事抽象任务比从事常规任务更有利可图，从而诱使从事常规任务中技能最高（i值最大）的一部分人会从常规任务转向抽象任务。

结合式（8–50）和式（8–51）有

$$\frac{d(R/M)}{dG_R}=\frac{\beta}{\alpha}\bullet\mu'(E)\bullet\frac{dE}{dG_R}>0 \quad (8\text{–}59)$$

$$\frac{d(A/R)}{dG_R}=\frac{\gamma}{\beta}\bullet\upsilon'(F)\bullet\frac{dF}{dG_R}<0 \quad (8\text{–}60)$$

由此可见，当常规任务的自动化程度提升时，常规任务与非常规操作型任务的相对供给量会上升，而抽象任务与常规任务的相对供给量则会下降。

结合式（8–28）和式（8–29）有

$$\frac{\partial(W_R(i)/W_M(i))}{\partial G_R}<0 \quad (8\text{–}61)$$

$$\frac{\partial(W_A(i)/W_R(i))}{\partial G_R}>0 \quad (8\text{–}62)$$

因此，当常规任务的自动化程度提升，同一技能水平上，常规任务与非常规操作型任务的相对工资水平 $W_R(i)/W_M(i)$ 下降了，同时抽象任务与常规任务的相对工资水平 $W_A(i)/W_R(i)$ 则上升了，即出现了工资极化现象。这是由于，当常规任务的自动化程度提升，常规任务与非常规操作型任务的相对供给量上升了，而抽象任务与常规任务的相对供给量则下降了，从而导致常规任务与非常规操作型任务的相对边际生产力下降了，而抽象任务与常规任务的相对边际生产力则上升了。

命题 3a：当抽象任务（A）的自动化程度提升，从事抽象任务（A）中技能最低（i 值最小）的一部分人会转向常规任务（R），从事常规任务（R）中技能最低（i 值最小）的一部分人会转向非常规操作型任务（M）。

命题 3b：当抽象任务（A）的自动化程度提升，常规任务与非常规操作型任务相对工资水平 $W_R(i)/W_M(i)$、抽象任务与常规任务的相对工资水平 $W_A(i)/W_R(i)$ 均出现下降，即不同类型任务间的工资收入差距缩小了。

分别对式（8–44）和式（8–46）两边求全微分，有

$$\begin{bmatrix} \frac{R_F(E,F)}{R(E,F)}+\frac{\mu'(E)}{\mu(E)}-\frac{A'(F)}{A(F)} & \frac{R_E(E,F)}{R(E,F)} \\ \frac{M'(E)}{M(E)}+\frac{\mu'(E)}{\mu(E)} & \frac{\upsilon'(F)}{\upsilon(F)}-\frac{A'(F)}{A(F)} \end{bmatrix}\begin{bmatrix} dE \\ dF \end{bmatrix}\begin{bmatrix} 0 \\ = \\ \frac{-1}{1-G_A} \end{bmatrix}dG_A \tag{8–63}$$

则有

$$\frac{dE}{dG_A}=\frac{-\frac{R_F(E,F)}{R(E,F)}}{\Delta}\bullet\frac{1}{1-G_A}>0 \tag{8–64}$$

$$\frac{dF}{dG_A}=\frac{\frac{R_E(E,F)}{R(E,F)}-\frac{\mu'(E)}{\mu(E)}-\frac{M'(E)}{M(E)}}{\Delta}\bullet\frac{1}{1-G_A}>0 \tag{8–65}$$

式中，Λ 为式（8–63）最左侧矩阵对应的行列式。

可见，当抽象任务的自动化程度提升时，非常规操作型任务与常规任务的分界点 E 点、常规任务与抽象任务的分界点 F 点均会右移，这意味着，从事常规任务中技能最低（i 值最小）的一部分人会转向非常规操作型任务，同时从事抽象任务中技能最低（i 值最小）的一部分人会转向常规任务。

这是由于，抽象任务自动化程度的提升意味着抽象任务中由人工完成的占比下降，在工人与任务类型的初始均衡匹配状态下，抽象任务总供应量就会上升，从而使边际生产力 MP_A 下降，同一技能水平 i 下，抽象任务的工资水平 $W_A(i)$ 下降，这导致在初始均衡分界点 F 点的某右邻域内，会出现 $W_A(i) < W_R(i)$，即从事常规任务比从事抽象任务更有利可图。因此，从事抽象任务中技能最低（i 值最小）的一部分人会从抽象任务转向常规任务。而当从事抽象任务中技能最低（i 值最小）的一部分人转向常规任务，常规任务总供应量也会上升，从而使边际生产力 MP_R 下降，同一技能水平 i 下，常规任务的工资水平 $W_R(i)$ 也出现下降。因此，在 F 点的某右邻域内，会出现 $W_R(i) < W_M(i)$，从而诱使从事常规任务中技能最低（i 值最小）的一部分人会转向非常规操作型任务。

结合式（8–50）和式（8–51）有

$$\frac{d(R/M)}{dG_A} = \frac{\beta}{\alpha} \cdot \mu'(E) \cdot \frac{dE}{dG_A} > 0 \tag{8–66}$$

$$\frac{d(A/R)}{dG_A} = \frac{\gamma}{\beta} \cdot \upsilon'(F) \cdot \frac{dF}{dG_A} > 0 \tag{8–67}$$

由此可见，当抽象任务的自动化程度提升时，常规任务与非常规操作型任务的相对供给量、抽象任务与常规任务的相对供给量均会出现上升。

结合式（8–27）和式（8–28）有

$$\frac{\partial(W_R(i)/W_M(i))}{\partial G_A} < 0 \tag{8–68}$$

$$\frac{\partial(W_A(i)/W_R(i))}{\partial G_A} < 0 \tag{8–69}$$

因此，当抽象任务的自动化程度提升，同一技能水平上，常规任务与非常规操作型任务的相对工资水平 $W_R(i)/W_M(i)$、抽象任务与常规任务的相对工资水平 $W_A(i)/W_R(i)$ 均会出现下降，即不同类型任务间的工资收入差距缩小了。这是由于，当抽象任务的自动化程度提升，常规任务与非常规操作型任务的相对供给量、抽象任务与常规任务的相对供给量均会上升，从而导致常规任务与非常规操作型任务的相对边际生产力、抽象任务与常规任务的相对边际生产力分别出现了下降。

命题 4：任何类型任务自动化程度的提升都会带来所有类型任务的产出量上升，以及最终产品总产量的增加。

当非常规操作型任务的自动化程度提升时，常规任务与抽象任务的分界点 F 点会左移，因此有 $\frac{dA}{dG_M}>0$。结合式（8–52）和式（8–53），有 $\frac{dR}{dG_M}>0$、$\frac{dM}{dG_M}>0$。

当常规任务的自动化程度提升时，非常规操作型任务与常规任务的分界点 E 点会右移，而常规任务与抽象任务的分界点 F 点会左移，因此有 $\frac{dM}{dG_R}>0$、$\frac{dA}{dG_R}>0$。再结合式（8–59），有 $\frac{dR}{dG_R}>0$。

当抽象任务的自动化程度提升时，非常规操作型任务与常规任务的分界点 E 点，因此有 $\frac{dM}{dG_A}>0$。结合式（8–66）和式（8–67），有 $\frac{dR}{dG_A}>0$、$\frac{dA}{dG_A}>0$。

由此可见，任何类型任务自动化程度的提升，都会带来所有类型任务（非常规操作型任务、常规任务、抽象任务）的供给量上升，因此最终产品的产出也会增加。

四、主要结论与政策建议

本节通过构建一个自动化程度外生决定、工人与任务匹配内生决定的理论模型，研究当人工智能使不同类型任务的自动化程度提升时，劳动力资源的重新配置状况和相对工资水平的变动情况。主要研究结论如下：

（1）不同类型任务自动化程度的提升，所引起的劳动力资源流动方向也不同。当非常规操作型任务的自动化程度提升，从事非常规操作型任务中技能最高（i 值最大）的一部分人会转向常规任务，同时从事常规任务中技能最高（i 值最大）的一部分人会转向抽象任务；当常规任务的自动化程度提升，从事常规任务中技能最低（i 值最小）的一部分人会转向非常规操作型任务，从事常规任务中技能最高（i 值最大）的一部分人会转向抽象任务；当抽象任务的自动化程度提升，从事抽象任务中技能最低（i 值最小）的一部分人会转向常规任务，从事常规任务中技能最低（i 值最小）的一部分人会转向非常规操作型任务。

（2）当非常规操作型任务的自动化程度提升，不同类型任务间的工资收入差距会扩大；当常规任务的自动化程度提升，会出现工资极化现象；当抽象任务的自动化程度提升，不同类型任务间的工资收入差距会缩小。

（3）任何类型任务的自动化程度的提升都会带来所有类型任务的供给量上升，以及最终产品总产量的增加。

根据本节研究结论，人工智能的扩张将会不可避免地带来劳动力资源的重新配置。这就需要短期内通过就业政策较好地应对劳动力资源重新配置过程中可能出现的结构性失业等问题；长期内从劳动力供给侧进行改革，形成能与不同任务类型进行较好匹配的劳动力结构。为了更好地促进劳动力资源的合理、高效流动，就需要全面建立健全劳动力资源信息服务平台，保障劳动力资源重新配置实现机制的有效运行，破除其可能面临的障碍，从而全面畅通劳动力要素流动渠道。此外，人工智能对不同行业、职业的影响不同，因此会涉及劳动力在不同行业、职业间的流动。根据人力资本理论，人的职业能力分为三个层级：职业特定能力、行业通用能力、核心能力。短期内，需要转移工作的劳动力的职业特定能力、行业通用能力可能与市场需求不匹配，从而产生结构性失业。这就需要政府基于这一方面的具体调研，针对性地开展就业培训计划，并且要求企业做好入职培训工作。

根据本节研究结论，非常规操作型任务自动化程度的提升会扩大工资收入差距，常规任务自动化程度的提升会导致工资极化。由于人工智能扩张势必会降低劳动收入份额占比，因此非常规操作型任务、常规任务自动化程度的提升均会导致不平等程度的提升。尽管抽象任务自动化程度的提升会缩小工资收入差距，但由于劳动收入份额的下降，也可能最终出现不平等程度的扩大。这就需要通过收入再分配政策或系统的实现，对人工智能造成的收入不平等程度的提升进行抵消，从而使我国能更好地实现“收入平衡增长”“共同富裕”的经济目标。此外，人工智能有利于生产率的提高，但是会对收入分配形成较大挑战。随着人工智能进一步发展，其广泛采用很可能会遭到部分人口群体的强烈抵制。通过收入再分配实现对自动化过程中失利者的补偿，将有助于将自动化潜在的巨大收益更均匀地分配给社会各个群体，从而确保人工智能技术的顺利开发和采用。

此外，本节主要从理论上分析了不同类型任务自动化程度的提升对劳动力资源重新配置及工资收入差距的影响效应，研究结论表明，不同类型任务自动化程度的提升带来的影响效应不同。因此，在某一段时期内，人工智能扩张对劳动力资源重新配置、工资收入差距带来的最终净效应取决于哪一种类型任务自动化程度提升幅度占主导地位，而这需要通过实证研究来验证。

最后，由于人工智能扩张会带来最终产品产出的增加，因此，应在妥善应对、解决好人工智能扩张带来的劳动力再配置、收入不平等等问题的基础上，积极促进人工智能的发展与应用。人工智能新技术扩散和应用的一个显著趋势是技术成本的降低，但却不能均等地渗透（Aghion et al.，2019[59]）。在人工智能最新发展趋势下，应对技术性失业成为政策制定部门必须面对的一个重要问题。

第三节　人工智能如何影响中国就业结构

一、问题提出

当前人工智能在世界范围内蓬勃兴起，在中国更是发展迅猛，与此同时，中国劳动力市场也经历着显著的结构性变化，其中包括就业的产业结构出现明显的趋势性变化。国家统计局数据显示，第二产业就业人数从 2013 年开始呈现逐年下降的趋势，除了 2020 年和 2021 年有所增长（可能是由于特殊时期物资需求变化不大，但人均工作时长大幅度下降），而 2015—2021 年间，在总就业人数增长率为负的情况下，第三产业就业人数仍呈现持续增长态势，而 2022 年有所增长可能是由于特殊时期服务业需求大幅度下降。除了经济发展的客观规律、收入水平提高带来的消费升级等因素外，就业结构变化趋势的背后是不是也有人工智能的推动作用？ 如果答案是肯定的，那可能意味着，随着产业结构不断升级，就业的产业结构可能并不会如同产业 GDP 结构一样最终趋于稳定，因此政府应在人才培养等就业供给政策上提前做好应对部署。

本节关注的问题是，人工智能的发展如何影响就业的产业结构？国内外学者关于人工智能对就业结构的影响进行了丰富的理论与实证研究，不过学者们主要集中于探讨人工智能对劳动力技能结构的影响，而关于人工智能对就业的部门结构（即产业结构）的研究相对较少，国内关于就业的部门结构的研究尤其比较稀少，因此亟待进一步补充与丰富。此外，大多数针对就业的部门结构的相关研究是以单个部门为研究对象，探讨了人工智能对单个部门就业的影响。少数学者尽管同时研究了人工智能对制造业、服务业就业的影响，但是实际上也是通过实证研究分别探讨了人工智能对制造业、服务业就业的影响，而没有将两个部门作为整体研究对象，忽视了人工智能技术推进时两个部门间的互动性。只有 Autor & Dorn（2013）[36] 通过构建包含产品部门、服务部门的两部门模型来分析人工智能对两个部门就业的不同影响。不过，在其模型中，产品部门的生产活动只依赖于非常规操作型任务、常规任务的同时执行，服务部门的生产活动则只依赖于抽象任务的执行，该模型设定相对于现实经济过于简化。

本节的边际贡献主要体现在：

（1）通过构建以三个部门为研究对象的理论模型，探讨了人工智能对就业的产业结构的影响。与 Autor & Dorn（2013）[36] 模型不同，本节模型中包含三个生产部门，对应于现实经济中的三大产业；在本节模型的设定中，三个部门的生产活动均要依赖于非常规操作型任务、常规任务、非常规认知任务的同时执行，区别在于各类型任务对产出的贡献度在三个部门之间并不一致，这一设定更符合现实经济。

（2）实证研究了中国人工智能发展对就业的产业结构的影响效应。通过运用 2006—2018 年省级面板数据，将工业机器人渗透度作为人工智能发展水平的代理变量，实证研究了人工智能发展水平对第二产业与第三产业就业比例的影响效应，并且进一步探讨了该影响效应在地区间的异质性。

二、理论模型构建

这一部分将基于工作任务的分析框架，建立一个包含三个生产部门的均衡模型。在模型中，存在三种最终消费品，每种消费品的生产均要依赖于非常规操作型任务、常规任务和非常规认知任务的同时执行，每种类型任务对产出的贡献度是由该消费品的自身特性所决定的。

（一）家庭偏好

假设经济中有一个代表性家庭，并有三种消费品：Y_1、Y_2、Y_3代表性家庭对于这三种消费品具有柯布－道格拉斯偏好。家庭的效用函数由下式给出：

$$U(Y_1 \cdots Y_3) = \sum_{i=1}^{3} \zeta_i \ln Y_i \tag{8-70}$$

式中，$0 < \zeta_i < 1$，$\sum_{i=1}^{3} \zeta_i = 1$。在预算约束 $I = \sum_{i=1}^{3} P_i Y_i$（$I$为总收入）下的效用最大化求解可以得到以下需求系统：

$$P_i Y_i = \zeta_i I,\ i = 1,2,3 \tag{8-71}$$

（二）企业行为

三种消费品（Y_1、Y_2、Y_3）的生产部门都属于完全竞争市场。

假设三种消费品的生产都是通过执行一系列的任务来实现的。这些任务按类型划分为三种：非常规操作型任务、常规任务和非常规认知任务，三种消费品的生产都依赖于这三种类型任务的同时执行。三种消费品的产出函数均为柯布－道格拉斯函数：

$$Y_i = M^{\alpha_i} R^{\beta_i} A^{\gamma_i},\ i=1,2,3 \tag{8-72}$$

式中，$\alpha_i,\beta_i,\gamma_i \in (0,1)$，$\alpha_i+\beta_i+\gamma_i=1$。$M$、$R$、$A$ 分别代表非常规操作型任务、常规任务和非常规认知任务。其中，非常规操作型任务和非常规认知任务均只能由人工执行完成，常规任务则既可以由人工执行也可以由机器执行。α_i、β_i、γ_i 分别为非常规操作型任务、常规任务、非常规认知任务对部门产出的贡献份额。假设三个生产部门分别为第一产业、第二产业、第三产业，则三种消费品分别为农产品、工业品、服务产品。

假设经济自动化程度是常规任务供给中由机器执行的占比来进行衡量的。在常规任务供给上，由机器执行的占比越高，代表自动化程度越高。该衡量指标的现实基础是，人工智能的发展是使机器人和机器越来越多地接管原本由人工执行的任务种类，即机器能够执行的任务范围在逐渐扩大。假设常规任务供给中由机器执行的占比为 G，故自动化程度的提升意味着 G 的上升。假设资本足够充足，以至于租金足够低，技术上可以实现自动化的常规任务内各小类任务由机器来执行是有利可图的。因此，资本的使用量是由资本的需求量决定的，而资本的需求量则是由经济中对常规任务的总需求量和自动化程度决定的。在这种情况下，即使租金进一步下降，资本的使用量也不会出现任何变化。

在完全竞争市场下，均衡条件要求工作任务要素的价格等于其边际生产力。因此，非常规操作型任务、常规任务、非常规认知任务的价格分别为 $\omega_M = P_i * \partial Y_i/\partial M_i$，$\omega_R = P_i * \partial Y_i/\partial R_i$，$\omega_A = P_i * \partial Y_i/\partial A_i$，即

$$\omega_M = \frac{\alpha_i P_i Y_i}{M_i} \tag{8-73}$$

$$\omega_R = \frac{\beta_i P_i Y_i}{R_i} \tag{8-74}$$

$$\omega_A = \frac{\gamma_i P_i Y_i}{A_i} \tag{8-75}$$

（三）劳动者的技能分布及生产率

假设劳动者的技能 j 在区间 $[0,1]$ 内呈连续性分布，即 $j \in [0,1]$，并且工人在

技能区间 $[0,1]$ 内的分布密度为 $l(j)$。

假设从事非常规认知任务对技能要求有一个门槛值 θ，只有技能 $j \geqslant \theta$ 的劳动者才可以从事非常规认知任务，并且在非常规认知任务上的生产率为 1，即每个技能 $j \geqslant \theta$ 的劳动者可以提供 1 单位的非常规认知任务。假设 θ 足够大，经济中能供给的非常规认知任务相对较少，非常规认知任务的价格 ω_A 足够高，以至于技能 $j \geqslant \theta$ 的劳动者都会选择从事非常规认知任务。技能 $j<\theta$ 的劳动者只能或者从事非常规操作型任务，或者从事常规任务，在非常规操作型任务、常规任务上的生产率分别为 1、η_j。其中，η_j 随着 j 的增加而上升，并且，对于 $j \in [0,\theta)$，有 $\eta_j \in [0,1)$。显然，对于技能 $j<\theta$ 的劳动者，随着 j 值的上升，相对于非常规操作型任务，从事常规任务更具有相对优势。

（四）劳动者的自我选择与工资水平

结合工作任务要素的价格和劳动者在不同工作任务上的生产率，可以得到，技能 $j<\theta$ 的劳动者从事非常规操作型任务、常规任务的工资水平分别为 $W_M(j)=\omega_M$、$W_R(j)=\eta_j\omega_R$，技能 $j \geqslant \theta$ 的劳动者从事非常规认知任务的工资水平为 $W_A(j)=\omega_A$。

假设非常规操作型任务和常规任务在技能领域 $j \in [0,\theta)$ 的均衡分界点为 E 点，则有

$$\eta_E\omega_R=\omega_M \tag{8-76}$$

由于 η_j 随着 j 值的增加而上升，因此有

（1）当技能 $j \in [0,E)$ 时，$\eta_j\omega_R<\omega_M$，即 $W_R(j)<W_M(j)$，于是，技能 $j \in [0,E)$ 的劳动者会选择从事非常规操作型任务。

（2）当技能 $j \in (E,\theta)$ 时，$\eta_j\omega_R>\omega_M$，即 $W_R(j)>W_M(j)$，于是，技能 $j \in (E,\theta)$ 的劳动者会选择从事常规任务。

因此，非常规操作型任务、常规任务、非常规认知任务的供给量分别为

$$M=\int_0^E l(j)d_j \tag{8-77}$$

$$R=\frac{1}{1-G}\int_{E}^{\theta}\eta_{j}l(j)d_{j} \tag{8-78}$$

$$A=\int_{\theta}^{1}l(j)d_{j} \tag{8-79}$$

（五）比较静态分析

这里将最终消费品 Y_1 的价格标准化为 1，即 $P_1=1$，由式（8–71）和式（8–73）有 $\frac{P_iY_i}{Y_1}=\frac{\zeta i}{\zeta 1}$、$\frac{M_i}{M_1}=\frac{a_iP_iY_i}{a_iY_i}$，因此有 $\frac{M_i}{M1}=\frac{a_i\zeta_i}{a_1\zeta_1}$，进而可以得到部门 i 中非常规操作型任务供给量在非常规操作型任务总供给量中的占比，即

$$M_i=\frac{a_i\zeta_i}{\sum_{k=1}^{3}\alpha_k\zeta_k}M,\ \ i=1,2,3 \tag{8-80}$$

同理可得部门 i 中非常规操作型任务供给量在非常规操作型任务总供给量中的占比，即

$$R_i=\frac{\beta_i\zeta_i}{\sum_{k=1}^{3}\beta_k\zeta_k}R,\ \ i=1,2,3 \tag{8-81}$$

$$A_i=\frac{\gamma_i\zeta_i}{\sum_{k=1}^{3}\gamma_k\zeta_k}A,\ \ i=1,2,3 \tag{8-82}$$

根据式（8–73）、式（8–74）和式（8–76），有

$$\eta_E=\frac{\alpha_i}{\beta_i}\frac{R_i}{M_i} \tag{8-83}$$

进一步地，根据式（8–77）、式（8–78）、式（8–80）和式（8–81），有

$$\eta_E=\frac{\sum_{k=1}^{3}\alpha_k\zeta_k}{\sum_{k=1}^{3}\beta_k\zeta_k}\frac{\int_{E}^{\theta}\eta_{j}l(j)d_{j}}{(1-G)\int_{0}^{E}l(j)d_{j}} \tag{8-84}$$

对式（8–84）两边取对数，有

$$\ln\eta_E=\ln\frac{\sum\alpha_k\zeta_k}{\sum\beta_k\zeta_k}-\ln(1-G)+\ln\int_{E}^{\theta}\eta_{j}l(j)d_{j}-\ln\int_{0}^{E}l(j)d_{j} \tag{8-85}$$

对式（8–85）两边求全微分，有

$$\left(\frac{\partial\eta_E/\partial E}{\eta_E}-\frac{\partial\int_E^{\theta}\eta_j l(j)d_j\Big/\partial E}{\int_E^{\theta}\eta_j l(j)d_j}+\frac{\partial\int_0^{E}l(j)d_j\Big/\partial E}{\int_0^{E}l(j)d_j}\right)dE=\frac{1}{1-G}dG \qquad (8\text{–}86)$$

显然，式（8–86）中 dE 、dG 的系数均为正数，因此有

$$\frac{dE}{dG}>0 \qquad (8\text{–}87)$$

假设部门 i 总就业人数为 L_i， $i=1,2,3$ ，并且各部门中从事同类型任务的劳动者具有相似的技能分布。假设从事非常规操作型任务、常规任务、非常规认知任务的劳动者数量分别为 L_M 、L_R 、L_A 。

根据式（8–80）~式（8–82）可得部门 i 总就业人数，即

$$L_i=\frac{\alpha_i\zeta_i}{\sum\alpha_j\zeta_j}L_M+\frac{\beta_i\zeta_i}{\sum\beta_j\zeta_j}L_R+\frac{\gamma_i\zeta_i}{\sum\gamma_j\zeta_j}L_A,\ i=1,2,3 \qquad (8\text{–}88)$$

对式（8–88）两边同时求全微分，有

$$dL_i=\frac{\alpha_i\zeta_i}{\sum\alpha_j\zeta_j}\frac{\partial L_M}{\partial G}dG+\frac{\beta_i\zeta_i}{\sum\beta_j\zeta_j}\frac{\partial L_R}{\partial G}dG+\frac{\gamma_i\zeta_i}{\sum\gamma_j\zeta_j}\frac{\partial L_A}{\partial G}dG,\ i=1,2,3 \qquad (8\text{–}89)$$

由于 $\frac{dE}{dG}>0$ 、$\frac{d\theta}{dG}=0$，故有 $\frac{\partial L_A}{\partial G}=0$ 、$\frac{\partial L_M}{\partial G}>0$ 、$\frac{\partial L_R}{\partial G}=-\frac{\partial L_M}{\partial G}$ ，因此有

$$dL_i=\left(\frac{\alpha_i\zeta_i}{\sum\alpha_j\zeta_j}-\frac{\beta_i\zeta_i}{\sum\beta_j\zeta_j}\right)\frac{\partial L_M}{\partial G}dG,\ i=1,2,3 \qquad (8\text{–}90)$$

为此，第二产业、第三产业就业人数的增量分别为

$$\frac{dL_2}{dG}=\left(\frac{1}{1+\frac{\alpha_1}{\alpha_2}\frac{\zeta_1}{\zeta_2}+\frac{\alpha_3}{\alpha_2}\frac{\zeta_3}{\zeta_2}}-\frac{1}{1+\frac{\beta_1}{\beta_2}\frac{\zeta_1}{\zeta_2}+\frac{\beta_3}{\beta_2}\frac{\zeta_3}{\zeta_2}}\right)\frac{\partial L_M}{\partial G} \qquad (8\text{–}91)$$

$$\frac{dL_3}{dG}=\left(\frac{1}{1+\frac{\alpha_1}{\alpha_3}\frac{\zeta_1}{\zeta_3}+\frac{\alpha_2}{\alpha_3}\frac{\zeta_2}{\zeta_3}}-\frac{1}{1+\frac{\beta_1}{\beta_3}\frac{\zeta_1}{\zeta_3}+\frac{\beta_2}{\beta_3}\frac{\zeta_2}{\zeta_3}}\right)\frac{\partial L_M}{\partial G} \qquad (8\text{–}92)$$

本节认为， $\alpha_2<\alpha_1<\alpha_3$ 、$\beta_3<\beta_1<\beta_2$ 。在第二产业中，尤其是占主导地位的制造业中，生产线上的工人从事的主要是程式化的、重复性的任务，即容易被

机器取代的常规任务。因此，相对于第一和第三产业，第二产业中常规任务对产出的贡献度最大。在第三产业中，高收入服务业（如律师、研究人员、医生等）主要以非常规认知任务为主。而低收入服务业（如服务员、保安、收银员、出租车司机等）则以非常规操作型任务为主，因此，相对于第一和第二产业，第三产业中常规任务对产出的贡献度最小，非常规操作型任务对产出的贡献度最大。在第一产业中，对庄稼农作物的日常性照料以非常规操作型任务为主，而播种、施药、收割等重要环节又以常规任务为主。因此，相对于第二和第三产业，第一产业中非常规操作型任务、常规任务对产出的贡献度均居中。

在 $\alpha_2 < \alpha_1 < \alpha_3$ 、$\beta_3 < \beta_1 < \beta_2$ 情况下，可以得到 $\frac{dL_2}{dG} < 0$ 、$\frac{dL_3}{dG} > 0$ 。因此，人工智能的发展会使第二产业的就业人数下降，同时第三产业的就业人数上升。

三、计量模型设定与指标选取

（一）模型设定

根据前文理论模型结论，人工智能的发展会降低第二产业的就业人数，同时提高第三产业的就业人数。为了更直观地体现人工智能的发展对就业结构的影响，在设定实证模型时，以第二产业与第三产业就业比例作为被解释变量。其基准计量模型如下：

$$\text{emr}_{it} = a_0 + a_1\text{rob}_{it} + a_2\text{isr}_{it} + a_3\text{gig}_{it} + a_4\text{rdp}_{it} + a_5\text{sta}_{it} + a_6\text{pri}_{it} + \varepsilon_{it} \qquad (8\text{–}93)$$

式中，下标 i 和 t 分别表示第 i 个省份和第 t 年；emr 表示第二产业与第三产业就业比例，为被解释变量；isr 表示机器人渗透度，是人工智能发展水平的代理变量，为核心解释变量；rob 表示第二产业与第三产业产值比例；gig 表示货物进口占比；rdp 表示工业企业 R&D 人员占比；sta 表示国有控股工业企业人员占比；pri 表示私营工业企业人员占比，均为控制变量；ε 表示随机误差项。

（二）指标选取

1. 被解释变量：就业结构

被解释变量为第二产业与第三产业就业比例，体现的是就业的产业结构。

2. 核心解释变量：人工智能发展水平

采用机器人渗透度（每千名劳动力所拥有的工业机器人数量）作为人工智能

发展水平的代理变量。工业机器人的数据来源于国际机器人联合会（International Federation of Robotics，IFR）的报告。IFR 记录了全球 100 多个国家工业机器人的安装数据，成为当前学者们进行机器人（或人工智能）研究的常用数据库。不过，IFR 只公布了国家层面以及各个国家行业层面的工业机器人安装量和保有量。为了得到省级层面的机器人渗透度的数据，本节借鉴 Acemoglu & Restrepo（2020）[54]、魏下海等（2020）[163]、朱火弟和叶润（2021）[164] 等学者的做法，采用 Bartik 工具变量法来计算省级层面的机器人渗透度。表示机器人渗透度的具体公式如下：

$$rob_{it}=\sum_{j=1}\frac{labor_{ijt}}{labor_{it}}\times\frac{rob_{jt}}{labor_{jt}} \tag{8-94}$$

式中，rob_{it} 表示 i 地区 t 时期的工业机器人渗透度；$labor_{ijt}$ 表示 i 地区 j 行业 t 时期的就业人数；$labor_{it}$ 表示 i 地区 t 时期的就业人数；rob_{jt} 表示 j 行业 t 时期的工业机器人保有量；$labor_{jt}$ 表示 j 行业 t 时期的就业人数。

3. 主要控制变量

（1）第二产业与第三产业产值比例（isr）。部门总产值直接影响着部门总就业人数，因此第二产业与第三产业就业比例会直接受到第二产业与第三产业产值比例的影响。

（2）货物进口占比（gig）。通常来说，进口有利于 TFP 的提升。进口技术设备和高质量中间品有助于直接提升企业技术水平和生产效率，还会推动国内企业进行技术创新。林正静和左连村（2018）[165] 研究指出，进口中间品产品质量显著促进了中国制造业企业生产率的提升。刘航和杨丹辉（2020）[166] 研究认为，高质量进口通过影响工业购进成本引起提升 TFP。本节将货物进口总额在 GDP 中的占比作为第二产业进口水平的衡量指标。

（3）工业企业 R&D 人员占比（rdp）。两个部门就业比例除了受到两个部门产值比例的影响，还会受到两个部门相对生产率的影响。第二产业人力资本水平直接影响第二产业生产率，进而影响第二产业与第三产业就业比例。本节将规模以上工业企业 R&D 人员数在第二产业总就业人员数中的占比作为第二产业人力资本水平的衡量指标。

（4）国有控股工业企业人员占比（sta）。企业的所有制形式往往也会影响到企业的生产效率。本节将国有控股工业企业人员数在第二产业总就业人员数中的占比作为国有企业比重的衡量指标。

（5）私营工业企业人员占比（pri）。本节将私营工业企业人员数在第二产业总就业人员数中的占比作为私营企业比重的衡量指标。

（三）数据来源与描述性统计

选取2006—2018年中国31个省（自治区、直辖市）的面板数据为研究样本进行实证检验。

第二产业与第三产业就业比例的数据来源于各省统计年鉴。

在计算机器人渗透度指标时，通过《中国劳动统计年鉴》和IFR中国数据的行业类别匹配，划分为农林牧渔业、采矿业、制造业、电热燃水供应业、建筑业、教育和研发与其他7类。行业层面的工业机器人数据来源于IFR；就业人数指标采用的是各省（分行业）城镇单位就业人数，数据来源于《中国劳动统计年鉴》。

第二产业与第三产业产值比例的数据来源于各省统计年鉴。货物进口占比的数据来源于《中国统计年鉴》。规模以上工业企业R&D人员数的数据来源于《中国科技统计年鉴》。国有控股工业企业人员数、私营工业企业人员数的数据均来源于《中国统计年鉴》。对于少数缺失值，均采用插值法进行了补充。

主要变量的描述性统计结果见表8–12。

表8–12 主要变量的描述性统计结果

类型	含义	符号	观测值数	均值	标准差	最小值	最大值
被解释变量	第二产业与第三产业就业比例	emr	403	0.690	0.265	0.180	1.932
解释变量	人工智能发展水平（机器人渗透度）	rob	403	0.952	0.986	0.120	6.184
控制变量	第二产业与第三产业产值比例	isr	403	1.020	0.343	0.199	1.897
	货物进口占比	gig	403	0.144	0.222	0.004	1.338
	工业企业R&D人员占比	rdp	403	0.013	0.008	0.0001	0.045
	国有控股工业企业人员占比	sta	403	0.119	0.072	0.018	0.327
	私营工业企业人员占比	pri	403	0.110	0.059	0.004	0.310

四、实证结果与分析

（一）基准回归结果分析

本部分实证检验人工智能发展对就业的产业结构的影响效应。考虑到不同地区之间经济发展水平等方面存在较大差异，本节除了实证检验全国范围内人工智能发展对就业的产业结构的影响，还采用东部、中部和西部三大经济区域的划分方法检验了不同区域内人工智能发展对就业的产业结构的影响。在进行实证分析时，对式（8–94）各变量水平值取对数，以获得因变量对自变量的弹性，同时有利于消除异方差问题。按照之前计量模型的设定，本节得到的基准回归结果见表 8–13。其中，第（1）列表示的是仅机器人渗透度对第二产业与第三产业就业比例的回归结果，第（2）列表示的是加入第二产业与第三产业产值比例作为控制变量的回归结果，第（3）列表示的是进一步加入第二产业生产效率影响因素作为控制变量的回归结果，第（4）～（6）列表示的分别是东部、中部和西部地区的回归结果。根据豪斯曼检验结果，第（1）～（6）列均采用固定效应模型。

表 8–13 基准回归结果

变 量	lnemr					
	（1）	（2）	（3）	（4）	（5）	（6）
lnrob	−0.091*** （0.014）	−0.035*** （0.020）	−0.095*** （0.016）	−0.095*** （0.020）	−0.159*** （0.030）	−0.075** （0.025）
lnisr		0.354*** （0.093）	0.344*** （0.071）	0.054 （0.167）	0.370*** （0.060）	0.364*** （0.113）
lngig			0.004 （0.029）	0.145** （0.057）	−0.152** （0.056）	0.040* （0.020）
lnrdp			−0.071** （0.033）	−0.011 （0.040）	−0.033 （0.042）	−0.069* （0.031）
lnsta			−0.522*** （0.152）	−0.087 （0.140）	−1.152*** （0.292）	−0.49*** （0.106）
lnpri			0.089* （0.046）	0.138* （0.073）	0.083 （0.053）	0.088 （0.067）
Constant	−0.494*** （0.007）		−1.802*** （0.508）	−0.126 （0.412）	−3.468*** （0.816）	−1.630*** （0.214）

续表

变　量	lnemr					
	(1)	(2)	(3)	(4)	(5)	(6)
N	403	403	403	143	117	143
r2 _a	0.287	0.367	0.599	0.771	0.799	0.563
F	45.28	33.01	22.30	18.71	118.88	37.33

注：① ***、**、* 分别表示通过 1%、5% 和 10% 的显著性检验；②系数下方括号内的值为聚类稳健标准误。如无特殊说明，以下各表同。

第（1）～（3）列表明，从全国范围看，机器人渗透度对第二产业与第三产业就业比例的回归系数十分显著，且符号为负，可见人工智能的发展确实会降低第二产业与第三产业就业比例。机器人渗透度提升 1%，会引起第二产业与第三产业就业比例下降 0.095%，这说明，近些年来我国第二产业与第三产业就业比例的趋势性下降确实与人工智能的发展有关。在控制变量方面，除了货物进口占比不显著，其他控制变量均十分显著。其中，作为第二产业与第三产业就业比例的最直接影响因素，第二产业与第三产业产值比例每上升 1%，第二产业与第三产业就业比例上升 0.344%。工业企业 R&D 人员占比对第二产业与第三产业就业比例具有负向效应，与预期相符。国有工业企业人数占比对因变量具有负向效应，与之相呼应，私营工业企业人数占比对因变量具有正向效应，这表明，国有工业企业相较工业企业平均效率水平具有更高的生产效率，而私营工业企业较相较工业企业平均效率水平具有更低的生产效率。可能的原因之一为，国有工业企业往往具有更大的规模，私营工业企业的平均规模则相对较小，而工业生产中规模经济效应明显，最终导致前者生产效率明显高于后者。货物进口占比不显著的可能原因为，一方面，货物进口会通过技术溢出提高第二产业生产效率，从而对因变量具有负向效应；另一方面，进口也往往会促进更多出口，尤其是我国加工贸易占比一直较大，而货物出口的上升会增加第二产业就业人数需求，从而对因变量产生正向效应。

第（4）～（6）列表明，从分地区回归结果来看，机器人渗透度对第二产业与第三产业就业比例的影响程度相差较大。其中，机器人渗透度对中部地区就业的产业结构的影响效应最大，对东部地区的影响效应居中（与全国范围内的影响效应差不多），对西部地区的影响效应相对最小。这可能是由于人工智能发展对就业的产业结构存在倒 U 形影响，即当人工智能水平比较低时，其对就业的产业结构影响存在规模效应；而当人工智能水平比较高时，其对就业的产业结构影响又存在边际递减效应。在控制变量方面，除了货物进口占比，其他变量的系数符号均与全国样本回归保持一致，尽管部分估计值不显著。从理论上讲，货物进口占比对于因变量既有正向效应也有负向效应，因此最终回归估计出的净效应有正有负。

基准回归的结论可以总结为，不管在全国范围内，还是在东部、中部和西部各区域内部，人工智能的发展都确实会降低第二产业与第三产业就业比例；人工智能的发展对中部地区就业的产业结构的影响效应最大，对东部地区的影响效应居中，对西部地区的影响相对最小，即人工智能的发展对就业的产业结构可能存在倒 U 形影响。

（二）稳健性检验

1. 工具变量法

在人工智能的发展与应用会对我国就业的产业结构产生影响的同时，就业的产业结构也有可能对人工智能的发展与应用产生影响。因此，两者之间可能存在反向因果关系，从而引起内生性问题。本节采用工具变量法对模型重新回归估计以解决内生性问题。

借鉴朱火弟和叶润（2021）[164]、芦婷婷和祝志勇（2021）[167] 等学者的做法，采用滞后一期的机器人渗透度作为工具变量。滞后一期的机器人渗透度与当期机器人变量有关，但由于为前期变量，与当期其他变量不相关。本节用滞后一期的机器人渗透度作为工具变量，通过 2SLS 方法对模型进行估计，回归结果见表 8-14，其中，第（1）列表示的是全国范围的回归结果，第（2）～（4）列分别表示的是东部、中部和西部地区的回归结果。

表 8-14　稳健性检验：工具变量法

变　量	lnemr			
	（1）	（2）	（3）	（4）
lnrob	−0.107***	−0.096***	−0.158***	−0.080***
	（0.016）	（0.021）	（0.025）	（0.028）
lnisr	0.324***	0.035	0.371***	0.397***
	（0.071）	（0.096）	（0.064）	（0.104）
lngig	−0.001	0.156***	−0.125**	0.016
	（0.026）	（0.050）	（0.055）	（0.022）
lnrdp	−0.063**	−0.015	−0.061	−0.051*
	（0.030）	（0.036）	（0.042）	（0.028）
lnsta	−0.578***	−0.028	−1.215***	−0.501***
	（0.163）	（0.143）	（0.290）	（0.099）

续表

变　量	lnemr			
	（1）	（2）	（3）	（4）
lnpri	0.085* （0.048）	0.116* （0.067）	0.131** （0.057）	0.051 （0.050）
N	372	132	108	132
F	21.32	14.85	197.38	33.09
Kleibergen–Paap rk LM 统计量	18.864[0.0000]	6.978[0.0000]	5.016　[0.0000]	7.286[0.0000]
Cragg–Donald Wald F 统计量	1.3e+04	1 768.294	5 186.948	5 344.687
Stock–Yogo weak ID test critical values（10% 显著性水平的临界值）	16.38	16.38	16.38	16.38

由表 8–14 可知，各个回归结果中，Kleibergen–Paap rk LM 统计量均在 1% 的显著性水平上拒绝原假设，表明该工具变量不存在不可识别问题；Cragg–Donald Wald F 统计量均大于 10% 显著性水平的临界值 16.38，说明不存在弱工具变量问题。此外，由于本节选取的工具变量与内生变量一一对应，无须进行过度识别检验，因此本节选取的工具变量是有效的。回归结果上，不管是从全国范围内来看，还是从分地区来看，核心解释变量系数估计值的符号、显著性均与基准回归结果保持一致，并且各地区估计值的相对大小也与基准回归结果保持一致。因此，考虑了内生性问题后，并不影响基准回归结论，即人工智能的发展会导致第二产业与第三产业就业比例的下降，并且该效应在中部地区最为明显，东部地区次之，西部地区相对最小。

2. 替换控制变量

不同部门相对就业人数直接受到相对产出的影响，在基准回归中，直接以第二产业与第三产业产值比例为控制变量。在这里，将以可能影响第二产业与第三产业产品相对需要的重要影响变量来替换产值比例作为控制变量，包括人均实际 GDP 和城镇化率。

（1）人均实际 GDP（gdp）。根据恩格尔需求规律，收入水平决定消费结构。随着经济的发展和人们收入水平的提高，人们的需求结构也将发生变化。本节以各省的人均实际 GDP 作为居民收入水平的衡量指标。人均实际 GDP 的数据来源于《中国统计年鉴》，通过运用 GDP 平减指数（2005 年为基期）将名义 GDP 换算成实际 GDP。

（2）城镇化率（urd）。相对于农村地区，城镇地区提供的消费品品类更多样化、更丰富，消费各类商品的便利化程度大大提升。因此，当居住地从农村转移到城市，居民的消费结构也会随之发生变化。本节将常住人口中城镇居民所占比重作为城镇化率的衡量指标。城镇化率的数据来源于《中国人口与就业统计年鉴》。

替换控制变量后的回归结果见表 8-15，其中，第（1）列表示的是全国范围的回归结果，第（2）～（4）列分别表示的是东部、中部和西部地区的回归结果。

表 8-15 稳健性检验：替换控制变量

变　量	lnemr			
	（1）	（2）	（3）	（4）
lnrob	−0.249*** （0.033）	−0.145*** （0.039）	−0.419*** （0.076）	−0.127*** （0.041）
lngdp	0.245* （0.139）	−0.232 （0.128）	0.586*** （0.104）	0.467*** （0.138）
lnurb	0.413 （0.288）	1.344*** （0.290）	0.568 （0.626）	−0.082 （0.166）
lngig	0.021 （0.033）	0.110* （0.051）	−0.130* （0.069	0.073** （0.024）
lnrdp	−0.046 （0.033）	−0.024 （0.027）	0.022 （0.046）	−0.055* （0.030）
lnsta	−0.391** （0.144）	−0.061 （0.131）	−0.906** （0.282）	−0.419*** （0.076）
lnpri	0.047 （0.051）	0.096* （0.052）	−0.070* （0.033）	0.064 （0.057）
Constant	−1.491* （0.733）	0.631 （0.384）	−3.187*** （0.863）	−1.857*** （0.231）
N	403	143	117	143
r2 _a	0.589	0.862	0.787	0.614
F	19.10	64.44	84.53	42.60

由表 8-15 可知，替换部分解释变量后，机器人渗透度的系数符号、显著性与基准回归保持一致，并且各地区估计值的相对大小也与基准回归结果保持一致。这表明，在替换部分控制变量后，基准回归的核心研究结论依然成立。

3. 更换估计方法：一阶差分法

对于本节的基准模型，经豪斯曼检验适用固定效应模型，而对于固定效应模型，可以采用一阶差分估计。因此，这里采用一阶差分法对基准模型进行回归估计，回归结果见表 8–16，其中，第（1）列表示的是全国范围的回归结果，第（2）～（4）列分别表示的是东部、中部和西部地区的回归结果。

表 8–16　稳健性检验：一阶差分估计

变　量	D.lnemr			
	（1）	（2）	（3）	（4）
lnrob D1.	−0.133*** （0.032）	−0.126*** （0.017）	−0.171** （0.055）	−0.062** （0.022）
lnisr D1.	0.180* （0.100）	0.03 （0.045）	0.306** （0.098）	0.433*** （0.134）
lngig D1.	0.002 （0.014）	0.051** （0.022）	−0.095* （0.045）	0 （0.013）
lnrdp D1.	−0.037** （0.017）	0.012 （0.009）	−0.07** （0.023）	−0.035* （0.018）
lnsta D1.	−0.547** （0.214）	−0.187** （0.065）	−1.11** （0.397）	−0.354*** （0.076）
lnpri D1.	−0.038 （0.034）	0.008*** （0.035）	−0.038 （0.043）	−0.038 （0.045）
N	372	132	108	132
r2 _a	0.383	0.429	0.672	0.337
F	16.30	14.75	11.05	15.94

由表 8–16 可知，采用一阶差分估计后，机器人渗透度的系数符号、显著性与基准回归保持一致，并且各地区估计值的相对大小也与基准回归结果保持一致。上述的各项检验表明，由基准回归获得的核心研究结论是稳健可靠的。

五、结论与政策建议

本节通过理论分析和实证研究探讨了人工智能的发展对就业的产业结构的影响效应。理论研究的基本结论为，每种类型任务对产出的贡献度在不同部门之间具有差异性，这使人工智能的发展对不同部门就业的影响具有不平衡性，其中，在人工智能发展的影响下，第二产业就业人数会下降，而第三产业就业人数则会上升。实证研究的基本结论为，人工智能的发展确实降低了第二产业与第三产业就业比例。从全国范围来看，机器人渗透度提升 1%，会引起第二产业与第三产业就业比例下降 0.095%。从分地区来看，该影响效应在中部地区体现最为强烈，东部地区次之，西部地区相对弱一些，即人工智能的发展对就业的产业结构可能存在倒 U 形影响。可能的原因是，当人工智能应用规模相对于就业规模较小时，其对就业的产业结构的影响相对较小，随着人工智能应用的扩张，其对就业的产业结构的影响效应逐渐增强，当人工智能应用规模相对于就业规模扩张到一定程度，又会出现边际效应递减情况。

本节的研究结果说明，在未来，随着人工智能技术的更迅速发展与更广泛应用，其对就业的产业结构的冲击将会更加显著，尤其是，西部地区就业的产业结构可能会面临更加强烈的冲击。基于本节的研究，得到如下政策启示。

第一，畅通劳动力要素流动渠道。人工智能的发展会导致劳动力从第二产业向第三产业的流动，因此要从政策上做好劳动力流动的保障工作，畅通劳动力要素流动渠道，引导和支持劳动力要素合理畅通有序流动。首先，要破除劳动力流动可能面临的障碍，包括工会原因、劳动合同签订周期等原因导致的工资黏性，以及居民户籍制度、劳动力市场分割等导致的劳动力在地域间的流动障碍，使得在劳动力流动方面能充分发挥市场配置机制；其次，要搭建好就业及再就业服务平台，为求职人员提供专业的、值得信赖的信息渠道，解决劳动用工信息不对称问题，减轻劳动力资源再配置中的摩擦性失业问题。

第二，完善职业与技能培训体系。人工智能的发展会引起劳动力资源再配置，但短期内，需要转移工作的劳动力的职业特定能力、行业通用能力可能与市场需求不匹配，从而产生结构性失业。这就要求政府联合行业协会强化职业与技能培训工作，开办或从政策上扶持鼓励各种技能培训中心、培训基地，同时通过补贴支持企业对新入职人员进行职业培训，并建立技能培训中心、基地与当地企业之间的信息与用工联动机制。

第三，鼓励多渠道灵活就业，推进新就业形态。目前，智能化、数字化、信息化的时代全面到来，同时，随着经济发展与消费升级，生活服务业存在着巨大的需求增长空间，因此，对于就业及再就业人员，要鼓励与支持其瞄准细分市场需求，结合数字化手段，积极探索各种就业新领域，实现多渠道、多形态灵活就业。

第四节　人工智能的发展会带来劳动力市场工资极化吗

一、问题提出

自 20 世纪 80 年代末以来，欧美等发达国家的劳动力市场出现了日益“两极分化”的现象，即相对于低工资、高工资劳动力，中等工资劳动力在就业份额和平均工资增长方面都在下降（Autor et al.，2006[16]；Goos et al.，2014[20]；Acemoglu & Autor，2011[21]）。传统的 SBTC 假设对技能溢价现象作出了很好的解释，但是无法解释两极分化现象。因此，RBTC 假设被正式提出，RBTC 假设强调，人工智能等自动化技术主要取代了从事常规任务含量高的职业的劳动力，即中等技能劳动力，使得相对于高技能和低技能劳动力，中等技能劳动力需求下降了，从而较好地解释了两极分化现象。在人工智能迅猛发展的同时，中国劳动力市场也确实出现了就业极化的现象（唐永和蒋永穆，2022[10]；王永钦和董雯，2023[117]），以及工资极化的局面（郝楠，2017[7]；唐永和蒋永穆，2022[10]；刘廷宇和张世伟，2022[11]；陈岑等，2023[12]）。那么，是否与发达经济体相似，人工智能的发展也是中国劳动力市场极化现象的主要诱因（之一）？本节关注的问题是：人工智能的发展是否会导致中国劳动力市场工资极化？

相较于现有文献，本节的边际贡献主要体现为，采用省级面板数据对中国人工智能的发展的工资结构效应进行了实证研究。关于人工智能的发展是否会导致中国劳动力市场工资极化问题的现有实证研究相对稀少，并且相关实证研究主要采用的是微观层面数据。本节采用 2006—2018 年省级面板数据研究了人工智能的发展分别对低、中等、高技能行业工资水平所产生的影响效应，从而考察人工智能的发展是否会带来工资极化现象。

二、计量模型设定与指标选取

（一）模型设定

采用 2006—2018 年省级面板数据对人工智能的工资极化效应进行实证研究。其基本计量模型如下：

$$\mathrm{low}_{it}=\alpha_0+\alpha_1\mathrm{rob}_{it}+\alpha_2\mathrm{lfe}_{it}+\alpha_3\mathrm{lst}_{it}+\alpha_4\mathrm{lci}_{it}+\alpha_5\mathrm{fdi}_{it}+\alpha_6\mathrm{uer}_{it}+\alpha_7\mathrm{gdr}_{it}+\varepsilon_{it} \quad (8\text{–}95)$$

$$\mathrm{mid}_{it}=\alpha_0+\alpha_1\,\mathrm{rob}_{it}+\alpha_2\mathrm{mfe}_{it}+\alpha_3\mathrm{mst}_{it}+\alpha_4\mathrm{mci}_{it}+\alpha_5\mathrm{fdi}_{it}+\alpha_6\mathrm{uer}_{it}+\alpha_7\mathrm{gdr}_{it}+\varepsilon_{it}\quad(8\text{–}96)$$

$$\mathrm{high}_{it}=\alpha_0+\alpha_1\,\mathrm{rob}_{it}+\alpha_2\mathrm{hfe}_{it}+\alpha_3\mathrm{hst}_{it}+\alpha_4\mathrm{hci}_{it}+\alpha_5\mathrm{fdi}_{it}+\alpha_6\mathrm{uer}_{it}+\alpha_7\mathrm{gdr}_{it}+\varepsilon_{it}\quad(8\text{–}97)$$

式（8–95）～式（8–97）分别表示低、中等、高技能行业工资水平的计量模型。在各式中，下标 i 和 t 分别表示第 i 个省份和第 t 年；low 表示低技能行业工资水平；mid 表示中技能行业工资水平；high 表示高技能行业工资水平，均为被解释变量；rob 表示机器人渗透度，表示人工智能发展水平，为核心解释变量；lfe 、 mfe 、 hfe 分别表示低、中等、高技能行业女性就业占比；lst 、mst 、hst 分别表示低、中等、高技能行业国有人员就业占比；lci 、 mci 、 hci 分别表示低、中等、高技能行业城镇集体单位人员就业占比；fdi 表示实际外商直接存量占 GDP 比重；uer 表示城镇登记失业率；gdr 表示 GDP 增长率，均为控制变量；ε 表示随机误差项。

（二）指标选取

1. 被解释变量：不同技能行业工资水平

结合各行业劳动者的学历结构与工资水平，将中国各行业的劳动者技能划分为高技能、中等技能和低技能三类。《国民经济行业分类（2002 年修订版）》划分了“农、林、牧、渔业”“采矿业”“制造业”等 19 个行业大门类。2012 年又进行了调整，在这次调整中，尽管一些行业的名称发生了变更，但其实际范畴并未变化，如“科学研究、技术服务和地质勘查业”变更为“科学研究和技术服务业”，“电力、燃气及水的生产和供应业”变更为“电力、热力、燃气及水生产和供应业”，“信息传输、计算机服务和软件业”变更为“信息传输、软件和信息技术服务业”，“居民服务和其他服务业”变更为“居民服务、修理和其他服务业”。只有“卫生、社会保障和社会福利业”“公共管理和社会组织”分别变更为“卫生和社会工作”“公共管理、社会保障和社会组织”后，其实际范畴发生了变化。由于“卫生、社会保障和社会福利业”“公共管理和社会组织”两大行业从 2012 年起实际范畴发生了变化，本节在选取行业门类时剔除了这两大行业门类。

结合各行业就业人员的学历结构与工资水平，本节将金融业、教育等 6 个行业划分为高技能行业，将房地产业、制造业等 6 个行业划分为中等技能行业，将批发和零售业、住宿和餐饮业等 5 个行业划分为低技能行业，具体见表 8–17。

表 8–17　各行业技能水平划分

技能水平	行业类别
高技能	电力、燃气及水的生产和供应业；文化、体育和娱乐业；教育；金融业；信息传输、计算机服务和软件业；科学研究、技术服务和地质勘查业
中等技能	制造业；采矿业；水利、环境和公共设施管理业；租赁和商务服务业；交通运输、仓储和邮政业；房地产业
低技能	批发和零售业；住宿和餐饮业；居民服务和其他服务业；农、林、牧、渔业；建筑业

本节计量模型中将低技能、中等技能、高技能行业的平均工资水平作为被解释变量。

2. 核心解释变量：人工智能发展水平

采用机器人渗透度（每千名劳动力所拥有的工业机器人数量）来表示人工智能发展水平。工业机器人的数据来源于 IFR 的报告。不过，IFR 只公布了国家层面、各国行业层面的工业机器人保有量。为了得到省级层面的机器人渗透度的数据，本节借鉴 Acemoglu & Restrepo（2020）[54]、魏下海等（2020）[163]、朱火弟和叶润（2021）[164] 等学者的做法计算省级层面的机器人渗透度。rob_{it} 表示机器人渗透度。具体公式如下：

$$rob_{it}=\sum_{j=1}\frac{labor_{ijt}}{labor_{it}}\times\frac{rob_{jt}}{labor_{jt}} \tag{8–98}$$

式中，rob_{it} 表示 i 地区 t 年的工业机器人渗透度；rob_{jt} 表示 j 行业 t 年的工业机器人保有量；$labor_{it}$ 表示 i 地区 t 年的就业人数；$labor_{jt}$ 表示 j 行业 t 时期的就业人数；$labor_{ijt}$ 表示 i 地区 j 行业 t 年的就业人数。

3. 数据来源与描述性统计

选取 2006—2018 年中国 31 个省份的面板数据为研究样本进行实证检验。

低、中等、高技能行业的平均工资水平（low、mid、high）的数据来源于《中国劳动统计年鉴》《中国统计年鉴》。《中国劳动统计年鉴》给出了 31 个省份制造业、采矿业、金融业等各具体行业门类的名义平均工资。通过采用各技能行业内具体行业门类就业人数占比作为权重，对各技能行业内的具体行业门类名义平均工资进行加权平均，可计算得到各省份不同技能行业的名义平均工资。通过以 2006 年为基期采用 CPI 指数将各技能行业的名义工资水平折算为实际工资水平。历年 CPI 指数来源于《中国统计年鉴》。

在计算机器人渗透度指标（rob）时，通过《中国劳动统计年鉴》和 IFR 中国数据的行业类别匹配，划分为农林牧渔业、采矿业、制造业、电热燃水供应业、建筑业、教育和研发与其他 7 类。行业层面的工业机器人数据来源于 IFR；就业人数指标采用的是各省（分行业）城镇单位就业人数，数据来源于《中国劳动统计年鉴》。

低、中等、高技能行业女性就业占比（lfe、mfe、hfe），低、中等、高技能行业国有人员就业占比（lst、mst、hst），低、中等、高技能行业城镇集体单位人员就业占比（lci、mci、hci）的数据均来源于《中国劳动统计年鉴》。

外商直接投资（fdi）用实际利用外资存量在 GDP 中的占比作为衡量指标。根据永续盘存法（perpetual inventory method，PLM）来计算实际利用外资存量，具体公式如下：$K_t = K_{t-1}(1-\delta)+I_t$，$K_0 = \dfrac{I_0}{\delta}$，式中，$K_t$为$t$期实际利用外资存量，$I_t$为$t$期实际利用外资额，$K_0$为基期（2006 年）实际利用外资存量，$I_0$为基期（2006 年）实际利用外资额，资本折旧率$\delta$=10%。历年实际利用外资额的数据来源于《中国统计年鉴》。城镇登记失业率（uer）的数据来源于《中国人口与就业统计年鉴》。GDP 增长率（gdr）为按照不变价格计算的实际 GDP 增长率，其数据来源于《中国统计年鉴》。

三、实证结果与分析

（一）基准回归结果分析

本部分实证检验人工智能的发展对我国劳动力市场工资结构的影响效应。在进行实证分析时，对式（8-95）～式（8-97）各变量水平值取对数，以获得因变量对自变量的弹性，同时有利于消除异方差问题。按照之前计量模型的设定，本节得到的基准回归结果见表 8-18。其中，第（1）～（3）列表示的是加入低、中等、高技能行业内部就业结构作为控制变量的回归结果，第（4）～（6）列表示的是进一步加入失业率等省域特征作为控制变量的回归结果。根据豪斯曼检验结果，第（1）～（6）列均采用固定效应模型。

表 8–18　基准回归结果

变　量	（1） lnlow	（2） lnmid	（3） lnhigh	（4） lnlow	（5） lnmid	（6） lnhigh
lnrob	0.313*** （0.017）	0.238*** （0.014）	0.359*** （0.013）	0.275*** （0.018 ）	0.229*** （0.014 ）	0.347*** （0.014 ）
lnlfe	−0.361*** （0.068）			−0.251*** （0.065）		
lnmfe		−0.618*** （0.11）			−0.719*** （0.104 ）	
lnhfe			0.081 （0.153）			−0.094 （0.146 ）
lnlst	−0.002 （0.026）			0.008 （0.024）		
lnmst		−0.036 （0.026）			−0.034 （0.025 ）	
lnhst			0.197*** （0.069）			0.154** （0.065 ）
lnlci	−0.066** （0.03）			−0.089*** （0.028）		
lnmci		−0.137*** （0.019）			−0.113*** （0.017 ）	
lnhci			−0.027 （0.02）			−0.005 （0.022 ）
lnfdi				−0.053*** （0.014）	−0.026** （0.01 ）	−0.026** （0.011 ）
lnuer				−0.523*** （0.068）	−0.354*** （0.05 ）	−0.342*** （0.049 ）
lngdr				0.028 （0.028）	0.038* （0.021 ）	0.045** （0.021 ）
Constant	9.682*** （0.102）	9.312*** （0.152）	10.895*** （0.148）	7.923*** （0.262）	8.119*** （0.228 ）	9.706*** （0.248 ）
N	403	403	401	402	402	400
r2 _a	0.888	0.920	0.929	0.906	0.934	0.939
F	730.147	1063.703	1205.594	498.315	732.970	802.278

基准回归的结论可以总结为以下两点。

（1）人工智能的发展对低、中等、高技能行业工资水平的回归系数均十分显著，且方向都为正，这说明人工智能的发展均显著提高了低、中等、高技能行业的工资水平，即人工智能的发展给各技能行业工资水平带来的替代效应与生产率效应之和均为正。

（2）从人工智能的发展促进不同技能行业工资水平提升的效应强度上来看，高技能行业提升效应最强，低技能行业居中，中等技能行业提升效应最弱，因此人工智能的发展会诱发劳动力市场工资极化现象。

从全国范围来看，机器人渗透度提升 1%，会引起低、中等、高技能行业工资水平分别上升 0.275%、0.229%、0.347%。这表明，与欧美等发达国家情况相似，人工智能的发展也是中国劳动力市场工资极化的诱因之一。

在控制变量方面，各个控制变量至少对低、中等、高技能工资水平之一具有显著影响。女性就业占比对低、中等技能行业工资水平均具有显著的负向影响，尤其是对中等技能行业中女性就业占比的负向影响比较大，而对高技能行业工资水平没有显著影响。国有人员就业占比对高技能行业工资水平具有显著的正向影响，对低、中等技能行业工资水平的影响不显著。其原因可能为，国有企业在金融、电力、电信等高技能行业占比很高，并且凭借其比较绝对的行业垄断地位与控制力，获得了较高的利润，并提高了薪资水平。城镇集体单位人员占比对低、中等技能行业工资水平均具有显著的负向效应，而对高技能行业工资水平的影响不显著。外商直接投资对低、中等、高技能行业工资水平均具有显著的负向影响。这一结论与罗伟等（2018）[168] 的研究结论相一致。罗伟等（2018）[168] 研究指出，在控制其他影响工资因素的情况下，FDI 对制造业企业工资具有显著的负向影响，其原因在于，市场竞争途径所引起的负向工资溢出远大于技术外溢带来的正向影响。城镇失业率会给低、中等、高技能行业工资水平带来负面影响，这与预期相一致。GDP 增长率对中等、高技能行业工资水平均具有显著的正向影响，对低技能行业工资水平没有显著影响。

（二）稳健性检验

1. 工具变量法

为了解决基准回归中可能存在的内生性问题，采用工具变量法对模型重新回归估计，以对基准回归结果进行稳健性检验。

本节借鉴朱火弟和叶润（2021）[164]、芦婷婷和祝志勇（2021）[167] 等学者的做法，采用滞后一期的机器人渗透度作为工具变量。滞后一期的机器人渗透度与当期机器人变量有关，但由于为前期变量，与当期其他变量不相关。此处用滞后一期的机器人渗透度作为工具变量，通过 2SLS 方法对模型进行估计，回归结果见表 8–19。

表 8–19　稳健性检验：工具变量法

变　　量	（1） lnlow	（2） lnmid	（3） lnhigh
lnrob	0.264*** （0.019）	0.224*** （0.015）	0.335*** （0.014）
lnlfe	−0.267*** （0.065）		
lnmfe		−0.718*** （0.107）	
lnhfe			−0.099 （0.147）
lnlst	−0.007 （0.025）		
lnmst		−0.045* （0.025）	
lnhst			0.154** （0.066）
lnlci	−0.077*** （0.028）		
lnmci		−0.106*** （0.018）	
lnhci			−0.003 （0.022）
lnfdi	−0.04*** （0.014）	−0.014 （0.011）	−0.013 （0.01）
lnucr	−0.464*** （0.069）	−0.321*** （0.052）	−0.316*** （0.049）
lngdr	0.008 （0.028）	0.032 （0.021）	0.025 （0.02）
N	372	372	370
F	401.52	572.97	669.73

续表

变　量	(1) lnlow	(2) lnmid	(3) lnhigh
Anderson canon. corr. LM 统计量	323.372　[0.0000]	322.191[0.0000]	318.408[0.0000]
Cragg–Donald Wald F 统计量	6126.878	5721.374	5133.624
Stock–Yogo weak ID test critical values（10% 显著性水平的临界值）	16.38	16.38	16.38

由表 8–19 可知，各个回归结果中，Anderson canon. corr. LM 统计量均在 1% 的显著性水平上拒绝原假设，表明该工具变量不存在不可识别问题；Cragg–Donald Wald F 统计量均大于 10% 显著性水平的临界值 16.38，说明不存在弱工具变量问题。此外，由于此处选取的工具变量与内生变量一一对应，因此无须进行过度识别检验。因此，此处选取的工具变量是有效的。不管是核心解释变量的系数符号、显著性，还是核心解释变量系数估计值在三个基准方程中的大小顺序，均与基准回归结果保持一致。因此，考虑了内生性问题后，并不影响基准回归结论，即人工智能的发展均显著提高了低、中等、高技能行业的工资水平，相对来说，对中等技能行业工资水平的提升效应最小。

2. 一阶差分法

对于本节的基准模型，经豪斯曼检验适应固定效应模型，而对于固定效应模型，可以采用一阶差分估计。因此，这里采用一阶差分法对基准模型进行回归估计，回归结果见表 8–20。

表 8–20　稳健性检验：一阶差分估计

变　量	(1) lnlow	(2) lnmid	(3) lnhigh
lnrob D1.	0.2361*** (0.016)	0.2358*** (0.013)	0.2860*** (0.016)
lnlfe D1.	−0.181** (0.087)		
lnmfe D1.		−0.417*** (0.078)	

续表

变　量	(1) lnlow	(2) lnmid	(3) lnhigh
lnhfe D1.			−0.070 (0.151)
lnlst D1.	−0.076*** (0.017)		
lnmst D1.		−0.030 (0.025)	
lnhst D1.			−0.209** (0.069)
lnlci D1.	−0.028 (0.021)		
lnmci D1.		−0.065*** (0.010)	
lnhci D1.			−0.013 (0.017)
lnfdi D1.	−0.039* (0.022)	−0.018 (0.023)	−0.026* (0.014)
lnuer D1.	−0.111* (0.060)	−0.126** (0.053)	−0.107** (0.048)
lngdr D1.	0.008 (0.010)	0.009 (0.008)	0.009 (0.016)
N	371	371	368
r2 _a	0.589	0.705	0.686
F	125.37	261.66	186.18

由表 8-20 可知，采用一阶差分估计后，机器人渗透度的系数符号、显著性与基准回归保持一致。并且，相对于低、高技能工资水平方程，中等技能工资水平方程中机器人渗透度的系数最小，也与基准回归结果保持一致，表明人工智能的发展会带来低、中等、高技能行业工资水平的全面提升，并且对中等技能行业工资水平的提升效应相对最小。

3. 分区域回归估计

这里采用东部、中部和西部三大经济区域的划分方法检验不同区域内人工智能的发展对工资结构的影响。

从分地区实证结果来看，机器人渗透度的系数符号、显著性与以全国为样本的回归结果保持一致，并且其估计值在三个基准方程中的相对大小也与以全国为样本的回归结果保持一致，即人工智能的发展在各个区域内都会带来工资极化现象。

表 8-21 的回归结果显示，人工智能的发展给各技能行业工资水平带来的正向影响，不管是对于低技能行业、中等技能行业，还是对于高技能行业，均是西部地区的正向影响最大，中部地区次之，东部地区最小。东部地区机器人渗透度每提升 1%，低、中等、高技能劳动力工资水平分别提升 0.202%、0.192%、0.225%；中部地区机器人渗透度每提升 1%，低、中等、高技能劳动力工资水平分别提升 0.250%、0.228%、0.305%；西部地区机器人渗透度每提升 1%，低、中等、高技能劳动力工资水平分别提升 0.268%、0.250%、0.443%。从西部地区，到中部地区，再到东部地区，人工智能的发展给工资水平带来的正向影响依次递减，其可能的原因为，东部地区人工智能和发展水平最高，中部地区次之，西部地区最低，而人工智能的发展带来的生产率效应存在边际递减性，从而带给工资水平的正向影响也存在边际递减性。

表 8-21　分区域估计结果

变量	东部			中部			西部		
	(1) lnlow	(2) lnmid	(3) lnhigh	(4) lnlow	(5) lnmid	(6) lnhigh	(7) lnlow	(8) lnmid	(9) lnhigh
lnrob	0.202 *** (0.022)	0.192 *** (0.016)	0.215 *** (0.02)	0.250 *** (0.022)	0.228 *** (0.021)	0.305 *** (0.022)	0.268 *** (0.037)	0.250 *** (0.024)	0.443 *** (0.032)
lnlfe	−0.073 (0.06)			−0.781 *** (0.141)			−0.771 *** (0.17)		
lnmfe		−0.267* (0.148)			−0.261* (0.152)			−0.858 *** (0.196)	
lnhfe			−0.033 (0.179)			0.514 ** (0.21)			−0.482 (0.314)
lnlst	−0.073** (0.032)			−0.015 (0.033)			−0.041 (0.048)		

续表

变量	东部			中部			西部		
	(1) lnlow	(2) lnmid	(3) lnhigh	(4) lnlow	(5) lnmid	(6) lnhigh	(7) lnlow	(8) lnmid	(9) lnhigh
lnmst		-0.109*** (0.026)			-0.03 (0.03)			-0.068 (0.05)	
lnhst			-0.048 (0.07)			-0.005 (0.165)			0.302 (0.237)
lnlci	-0.011 (0.037)			-0.068* (0.035)			-0.234*** (0.053)		
lnmci		-0.022 (0.018)			-0.06** (0.028)			-0.14*** (0.03)	
lnhci			-0.051** (0.024)			0.037 (0.031)			-0.015 (0.05)
lnfdi	-0.127** (0.049)	-0.187*** (0.033)	-0.223*** (0.036)	-0.285*** (0.031)	-0.365*** (0.028)	-0.217*** (0.024)	-0.029 (0.018)	-0.007 (0.013)	0.013 (0.014)
lnuer	-0.547*** (0.088)	-0.262*** (0.056)	-0.239*** (0.067)	0.091 (0.091)	0.031 (0.075)	-0.111 (0.073)	-0.125 (0.155)	-0.255*** (0.095)	-0.2* (0.102)
lngdr	-0.011 (0.029)	-0.018 (0.019)	-0.012 (0.022)	-0.07* (0.038)	-0.011 (0.032)	-0.04 (0.035)	0.119* (0.063)	0.099** (0.045)	0.154*** (0.049)
Constant	8.016*** (0.307)	8.779*** (0.25)	9.568*** (0.294)	8.469*** (0.351)	9.216*** (0.317)	10.281 *** (0.316)	8.36*** (0.534)	8.316*** (0.41)	10.209 *** (0.551)
N	143	143	143	117	117	117	140	140	138
r2 _a	0.940	0.973	0.961	0.973	0.970	0.975	0.914	0.944	0.937
F	280.151	632.128	443.002	516.746	473.993	558.418	185.562	293.081	257.069

四、结论与政策建议

本节通过实证分析研究了人工智能的发展对工资结构的影响效应。基本研究结论为，人工智能的发展均显著提高了低、中等、高技能行业的工资水平，其中，对高技能行业工资水平的提升效应最强，对低技能行业工资水平的提升效应次之，对中等技能行业工资水平的提升效应最小，因此人工智能的发展会带来劳动力市场工资极化现象。从分区域来看，人工智能的发展在各个区域内均会带来工资极化现象，与此同时，从西部地区，到中部地区，再到东部地区，人工智能的发展给工资水平带来的正向影响依次递减。基于本节的研究得到如下政策启示。

（1）人工智能的发展给我国低、中等、高技能行业工资水平均带来了正向影响，这说明其产生的生产率效应超过了替代效应，因此最终会提高我国整体工资水平。政府应该继续通过相关政策与措施来积极鼓励与促进人工智能产业的发展，以及人工智能在各行业的应用。尤其是西部和中部地区，人工智能的发展与应用水平比较低，其进一步深化对工资增长的促进作用比较大。

（2）人工智能的发展在促进我国整体工资水平上涨的同时，也会带来工资极化现象。其中，低技能行业相对于中等技能行业工资水平上升了，这有助于收入不平等程度的下降，进而扩大内需，促进国内大循环；但同时，中等技能行业相对于高技能行业工资水平下降了，这又会提高收入不平等程度，从而不利于扩大内需和促进国内大循环。因此，需要政府采取相应政策与措施，加大二次分配力度，并鼓励与着重发挥第三次收入分配，从而缩小收入分配差距。

（3）人工智能的发展之所以会带来工资极化现象，是因为其发展对中等技能劳动力产生的替代效应最大，因此最终会产生中等技能行业劳动力向低技能行业和高技能行业的转移。因此，政府要进一步创建与完善就业及再就业信息服务平台，并破除劳动力流动障碍，积极畅通劳动力要素流动渠道。此外，中等技能行业劳动力向低技能行业转移相对较容易，但向高技能行业转移存在一定困难，这就要求政府联合行业协会强化职业与技能培训工作，从而增强其对高技能行业的适应能力。

参 考 文 献

[1] 蔡跃洲，陈楠．新技术革命下人工智能与高质量增长、高质量就业 [J]. 数量经济技术经济研究，2019，36(5)：3–22.

[2] 程虹，陈文津，李唐．机器人在中国：现状、未来与影响——来自中国企业－劳动力匹配调查（CEES）的经验证据 [J]. 宏观质量研究，2018，6(3)：1–21.

[3] Gordon R. The Rise and Fall of American Growth: The U.S. Standard of Living since the Civil War[J]. Princeton：Princeton University Press, 2016.

[4] Korinek A, Stiglitz J E. Artificial Intelligence and Its Implications for Income Distribution and Unemployment[R]. NBER Working Paper, 2018.

[5] Brynjolfsson E, McAfee A. Race against the machine[J]. Lexington：Digital Frontier, 2011.

[6] Martinez J. Automation, Growth and Factor Shares[J]. Meeting Papers, Society for Economic Dynamics, 2018.

[7] 郝楠．劳动力“极化”的经济效应分析——基于经济增长和收入不平等的双重视角 [J]. 华东经济管理，2017（2）：118–125.

[8] 刘廷宇，张世伟，刘达禹．承接离岸外包、常规任务偏向型技术进步与工资极化 [J]. 财贸经济，2021（2）：149–164.

[9] Wang J Hu, Y, Zhang Z. Skill–Biased Technological Change and Labor Market Polarization in China[J]. Economic Modelling, 2021, 100(4): 105507.

[10] 唐永，蒋永穆．产业结构服务化会导致中国劳动力市场极化吗？[J]. 经济评论，2022（2）：51–69.

[11] 刘廷宇，张世伟．垂直专业化分工是否引致工资极化——基于中国家庭收入调查数据的经验分析 [J]. 国际贸易问题，2022（2）：37–53.

[12] 陈岑，张彩云，周云波．信息技术、常规任务劳动力与工资极化 [J]. 世界经济，2023（1）：95–120.

[13] 都阳，贾朋，程杰．劳动力市场结构变迁、工作任务与技能需求 [J]. 劳动

经济研究，2017(3)：30–49.

[14] Acemoglu D, Restrepo P. The Race between Man and Machine: Implications of Technology for Growth, Factor Shares, and Employment[J]. American Economic Review, 2018，108(6): 1488–1542.

[15] Autor D, Levy F, Murnane R. The Skill Content of Recent Technological Change: An Empirical Exploration[J]. Quarterly Journal of Economics, 2003, 118 (4): 1279–1333.

[16] Autor D, Katz L, Kearney M. The Polarization of the U.S. Labor Market[J]. American Economic Review, 2006, 96(2): 189–194.

[17] Feng A, Graetz G. Rise of the Machines: The Effects of Labor–Saving Innovations on Jobs and Wages[R]. IZA Discussion Paper, 2015.

[18] Wang. Labor market polarization in Britain and Germany: A cross–national comparison using longitudinal household data[J]. Labour Economics, 2020,65(5):101862.

[19] Cortes G. Where have the middle–wage workers gone? a study of polarization using panel data[J]. Journal of Labor Economics, 2016, 34 (1): 63–105.

[20] Goos M, Manning A, Salomons A. Explaining job polarization: Routinebiased technological change and offshoring[J]. American Economic Review, 2014, 104(8): 2509–2526.

[21] Acemoglu D, Autor D H. Skills, Tasks and Technologies: Implications for Employment and Earnings[J]. Handbook of Labor Economics, 2011, 4B(16082): 1043–1171.

[22] Autor D H, Katz L F, Kearney M S. Trends in U.S. Wage Inequality: Revising the Revisionists[J]. Review of Economics and Statistics, 2008, 90(2): 300–323.

[23] Kambourov G, Manovskii I. Rising occupational and industry mobility in the United States: 1968–97[J]. Int. Econ. Rev, 2008, 49 (1): 41–79.

[24] Goos M, Manning A. Lousy and lovely jobs: the rising polarization of work in Britain[J]. Rev. Econ. Stat, 2007, 89 (1): 118–133.

[25] Michaels G, Ashwini N, John V. Has ICT Polarized Skill Demand? Evidence from Eleven Countries over Twenty–Five Years[J]. Review of Economics and Statistics, 2014, 96(1): 60–77.

[26] Gregory T, Salomons A. Zierahn U. Racing with or Against the Machine? Evidence from Europe[R]. CESifo Working Paper, 2016.

[27] Jaimovich N, Saporta-Eksten I, Siu H, Yedid-Levi Y. The Macroeconomics of Automation: Data, Theory, and Policy Analysis[R]. NBER Working Paper, 2020.

[28] Frey C, Osborne M. The Future of Employment: How Susceptible are Jobs to Computerisation? [R]. Discussion paper, Oxford Martin School, 2013.

[29] Acemoglu D, Restrepo P. Low-Skill and High-Skill Automation[R]. NBER Working Papers, 2017.

[30] Balsmeier B, Woerter M. Is this time different? How digitalization influences job creation and destruction[J]. Research Policy, 2019, 48(8):103765.

[31] Prettner K, Strulik H. The Lost Race Against the Machine: Automation, Education, and Inequality in an R&D-Based Growth Model[M]. ERN: Technology (Topic), 2017.

[32] Hemous D, Olsen M. The Rise of the Machines: Automation, Horizontal Innovation and Income Inequality[C]. Meeting Papers, Society for Economic Dynamics, 2016.

[33] Susskind D. A Model of Technological Unemployment[R]. Economics Series Working Papers, 2017.

[34] Schlogl L, Sumner A. The Rise of the Robot Reserve Army: Automation and the Future of Economic Development, Work, and Wages in Developing Countries[R]. Working Papers, Center for Global Development, 2018.

[35] Autor D, Salomons A. Is Automation Labor Share–Displacing? Productivity Growth, Employment, and the Labor Share[C]. Brookings Papers on Economic Activity, 2018.

[36] Autor D H, Dorn D. The Growth of Low-Skill Service Jobs and the Polarization of the US Labor Market[J]. American Economic Review, 2013, 103(5): 1553-1597.

[37] Atkinson D. Testimony of Robert D. Atkinson, President Information Technology and Innovation Foundation Before the Little Hoover Commission[R]. Hearing on Economic and Labor Force Implications of Artificial Intelligence, 2018.

[38] 孔高文，刘莎莎，孔东民 . 机器人与就业 ——基于行业与地区异质性的探索性分析 [J]. 中国工业经济，2020（8）：80-98.

[39] 李宏兵，王贺新，翟瑞瑞 . 工业智能化对我国就业和工资的影响效应研究

[J]. 北京邮电大学学报（社会科学版），2020，22（6）：63–78.

［40］ 毛日昇 . 工业机器人应用与就业再配置 [J]. 管理世界，2024，40(9)：98–122.

［41］ 罗楚亮，刘盼 . 企业工资分布与工资刚性 [J]. 劳动经济研究，2018，6（4）：32–47.

［42］ Brynjolfsson E, Rock D, Syverson C. Artifcial intelligence and the modern productivity paradox: A clash of expectations and statistics[A]. Agrawal A, Gans J, Goldfarb A (Eds.), The economics of artifcial intelligence: an agenda. Chicago: University of Chicago Press and NBER, 2019.

［43］ Graetz G, Michaels G. Robots at work[J]. Review of Economic Statistics, 2018, 100(5): 753–768.

［44］ 孙早，侯玉琳 . 工业智能化如何重塑劳动力就业结构 [J]. 中国工业经济，2019（5）：61–79.

［45］ Damioli G, Roy V, Vertesy D. The impact of artifcial intelligence on labor productivity[J]. Eurasian Business Review, 2021, 11(1): 1–25.

［46］ Brynjolfsson E, McAfee A. The Second Machine Age: Work, Progress, and Prosperity in a Time of Brilliant Technologies[M]. New York ：W. W. Norton & Company, 2014.

［47］ King L. Automation, Computerisation and Future Employment in Singapore[R]. MPRA Paper, University Library of Munich, 2016.

［48］ David B. Computer technology and probable job destructions in Japan: an evaluation[J]. Journal of the Japanese and International Economies, 2017, 43(3): 77–87.

［49］ Arntz M, Gregory T, Zierahn U. The Risk of Automation for Jobs in OECD Countries[R]. A Comparative Analysis. Employment and Migration Working Papers, OECD Social, 2016.

［50］ Akst D. What Can We Learn from Past Anxiety over Automation? [R]. Wilson Quarterly (Summer), 2013.

［51］ Autor D. Why Are There Still So Many Jobs? The History and Future of Workplace Automation[J]. Journal of Economic Perspectives, 2015, 29 (3): 3–30.

［52］ Acemoglu D, Autor D, Dorn D, Hanson G H, Price B. Return of the Solow Paradox? IT, Productivity, and Employment in U.S. Manufacturing[R]. Iza

Discussion Papers volume 104.5(2014):394–399(6).

[53] Chiacchio F, Petropoulos G, Pichler D. The Impact of Industrial Robots on EU Employment and Wages: A Local Labor Market Approach[R]. Working Paper,Bruegel:Brussels,2018.

[54] Acemoglu D, Restrepo P. Robots and Jobs: Evidence from US Labor Markets[J]. Journal of Political Economics, 2020, 128 (6): 2188–2244.

[55] Albus J. The robot revolution: An interview with James Albus[J]. Communications of the ACM, 1983, 179–180.

[56] Dauth W, Findeisen S, Suedekum J, Woessner N. German Robots the Impact of Industrial Robots on Workers[R]. CEPR Discussion Paper, 2017.

[57] Bessen J. AI and Jobs: The Role of Demand[M]. NBER Working Paper, 2018.

[58] Mutascu. Artificial intelligence and unemployment: New insights[J]. Economic Analysis and Policy, 2021, 69(3): 653–667.

[59] Aghion P, Antonin C, Bunel S. Artificial Intelligence, Growth and Employment: The Role of Policy[J]. Economics and Statistics, 2019, 149–164.

[60] Ernst E, Merola R, Samaan D. Economics of artificial intelligence: Implications for the future of work[J]. IZA J. Lab. Policy, 2019, 9 (4): 1–35.

[61] Abbasabadi H, Soleimani M. Examining the effects of digital technology expansion on Unemployment: A cross-sectional investigation[J]. Technology in Society, 2020, 64(2): 01495.

[62] 王永钦，董雯 . 机器人的兴起如何影响中国劳动力市场？——来自制造业上市公司的证据 [J]. 经济研究，2020（10）：159–175.

[63] 吕荣杰，郝力晓 . 人工智能等技术对劳动力市场的影响效应研究 [J]. 工业技术经济，2018，302（12）：131–137.

[64] 吴清军，陈轩，王非，杨伟国 . 人工智能是否会带来大规模失业？——基于电商平台人工智能技术、经济效益与就业的测算 [J]. 山东社会科学，2019（3）：73–80.

[65] 康茜，林光华 . 工业机器人对就业的影响机制——产业结构高级化还是合理化？ [J]. 软科学，2021（4）：20–27.

[66] 沈洋，张秀武 . 工业智能化对就业的影响及其机制分析 [J]. 经济与管理（录用定稿），网络首发时间：2024–07–30 13:41:34.

[67] 王晓娟，朱喜安，王颖 . 工业机器人应用对制造业就业的影响效应研究 [J]. 数量经济技术经济研究，2022，39（4）：88–106.

[68] 邸俊鹏，鲍俊杰，惠浩 . 工业机器人对制造业劳动力市场的影响："升级"抑或"极化"？ [J]. 上海经济研究，2023 (2)：51–63.

[69] Gray R. Taking technology to task: The skill content of technological change in early twentieth century United States[J]. Explorations in Economic History, 2013, 50(3): 351–367.

[70] Spitz–Oener A. Technical change, job tasks, and rising educational demands: looking outside the wage structure[J]. Labor Econ, 2006, 24 (2): 235–270.

[71] Antonczyk D, Deleire T, Fitzenberger B. Polarization and Rising Wage Inequality: comparing the U.S. and Germany[R]. ZEW Discussion Papers,2010.

[72] Goos M, Manning A, Salomons A. Job polarization in Europe[J]. Am. Econ. Rev, 2009, 99: 58–63.

[73] Oesch D, Rodriguez M. Upgrading or polarization? Occupational change in Britain, Germany, Spain and Switzerland, 1990 – 2008[J]. Socioecon Rev, 2011, 9 (3): 1–29.

[74] Katz F, Murphy M. Changes in relative wages, 1963–1987: supply and demand factors[J]. The Quarterly Journal of Economics, 1992, 107(1): 35–78.

[75] Acemoglu D. Technical change, inequality, and the labor market[J]. Journal of Economic Literature, 2002, 40(1): 7–72.

[76] 陈晓，郑玉璐，姚笛 . 工业智能化、劳动力就业结构与经济增长质量——基于中介效应模型的实证检验 [J]. 华东经济管理，2020，34 (10)：56–64.

[77] 杨骁，刘益志，郭玉 . 数字经济对我国就业结构的影响——基于机理与实证分析 [J]. 软科学，2020，34（10）：25–29.

[78] 陈琳，高悦蓬，余林徽 . 人工智能如何改变企业对劳动力的需求？——来自招聘平台大数据的分析 [J]. 管理世界，2024，40（6）：74–93.

[79] 李小瑛，张宇平 . 机器人如何塑造企业技能结构？——兼析机器人技术进步的偏向 [J]. 经济评论，2024（4）：53–72.

[80] Frey C B, Osborne M A. The future of employment: how susceptible are jobs to computerisation? [J]. Technological Forecasting and Social Change, 2017, 114: 254–280.

[81] Huang M, Rust R. Artificial intelligence in service[J]. Journal of Service Research, 2020, 21 (2): 155–172.

[82] Bessen J. Automation and jobs: When technology boosts employment[J]. Law and Economics Paper, Boston University School of Law, 2019.

［83］ 黄祺雨，王乃合，杨光．数字经济发展的就业效应——基于三次产业的异质性分析 [J]. 经济与管理研究，2023，44（11）：62–83.

［84］ Blaug M. Economic Theory in Retrospect[M]. Cambridge：Cambridge University Press, 1996.

［85］ Ricardo D. On the Principles of Political Economy and Taxation[M]. London：J. M. Dent, 1911.

［86］ Atkinson A B. Factor Shares: the Principal Problem of Political Economy? [J]. Oxford Review of Economic Policy, 2009, 25(1): 3–16.

［87］ Marchal J, Ducros B. The Distribution of National Income[M]. London：Macmillan,1968.

［88］ Keynes J M. Relative Movements of Real Wages and Output[J]. The Economic Journal, 1939, 49(193): 34–51.

［89］ Phelps Brown E H, Weber B. Accumulation, Productivity and Distribution in the British Economy, 1870—1938[J]. The Economic Journal, 1953, 63(250): 263–288.

［90］ Kuznets S. Economic Growth and Income Inequality[J]. American Economic Review, 1955, 45(1): 1–28.

［91］ Kaldor N. Capital Accumulation and Economic Growth[A]. Lutz F A (ed.), The Theory of Capital. London: Macmillan,1961.

［92］ Bertoli S, Farina F. The Functional Distribution of Income: A Review of the Theoretical Literature and of the Empirical Evidence around its Recent Pattern in European Countries[R]. DEPFID Working Papers,2017.

［93］ Karabarbounis L, Neiman B. The Global Decline of the Labor Share[J]. Quarterly Journal of Economics, 2014, 129(1): 61–103.

［94］ Piketty T, Zucman G. Capital is Back: Wealth–Income Ratios in Rich Countries 1700–2010[J]. Quarterly Journal of Economics, 2014, 129 (3): 1255–1310.

［95］ Berman E, Bound J, Machin S. Implications of skill–biased technological change: international evidence[J]. Quarterly Journal of Economics, 1998, 113(4), 1245–1279.

［96］ Zeira J. Workers, Machines and Economic Growth[J]. Quarterly Journal of Economics, 1998, 113: 1091–1113.

［97］ Prettner K. The implications of automation for economic growth and the labor share of income[R]. Working Paper,ECON WPS, 2016.

[98] Dinlersoz E, Wolf Z. Automation, Labor Share, and Productivity: Plant-Level Evidence from U.S.[R]. Manufacturing. Manuscript, 2018.

[99] Guimaraes L, Gil P. Explaining the labor share: automation vs labor market institutions[R]. MPRA Paper, 2019.

[100] 郑景丽，王喜虹，张雪梅．人工智能如何影响劳动收入份额——基于产业结构与企业升级的机制探讨 [J]. 南开经济研究，2024（4）：3–22.

[101] 杨飞．产业智能化如何影响劳动报酬份额——基于产业内效应与产业关联效应的研究 [J]. 统计研究，2022，39（2）：80–95.

[102] 何小钢，朱国悦，冯大威．工业机器人应用与劳动收入份额——来自中国工业企业的证据 [J]. 中国工业经济，2023（4）：98–116.

[103] 王丽媛，李繁荣．人工智能、产业结构服务化转型与劳动收入份额 [J]. 经济问题，2024（8）：52–59.

[104] 易苗，刘朋春，郭白滢．机器人应用、企业规模分化与劳动收入份额 [J]. 世界经济，2024（6）：176–200.

[105] 何勤，李鑫悦．人工智能对企业收入分配的非线性影响——基于 2007—2022 年上市公司数据的检验 [J]. 人口与经济，2024（3）：111–128.

[106] 余玲铮，魏下海，孙中伟，吴春秀．工业机器人、工作任务与非常规能力溢价——来自制造业“企业—工人”匹配调查的证据 [J]. 管理世界，2021，37（1）：47–59，4.

[107] 姚笛，陈东，郑玉璐．人工智能与企业内工资差距：任务偏向还是技能偏向 [J]. 经济理论与经济管理，2023（9）：99–112.

[108] 李志强，刘英，魏琳．人工智能时代技能溢价的影响路径研究 [J]. 当代财经，2022（7）：16–26.

[109] 姜琪，李吉志，倪硕．人工智能会加剧学历工资差距吗？ [J]. 财经科学，2024（6）：61–76.

[110] 闫雪凌，李雯欣，高然．人工智能技术对我国劳动力市场的冲击和影响 [J]. 产业经济评论，2021（2）：65–77.

[111] Brall F,Schmid R. Automation, robots and wage inequality in Germany:A decomposition analysis[R]. Hohenheim Discussion Papers in Business, Economics and Social Sciences,2020.

[112] Zhang P. Automation, wage inequality and implications of a robot tax[J]. International Review of Economics & Finance,2019, 59:500–509.

[113] 刘凤良，吴孟非，徐少锋．人工智能的财富分配效应研究 [J]. 经济理论

与经济管理，2022，42（6）：64–78.

［114］ 陈斌开，徐翔．人工智能与社会公平：国际经验、影响机制与公共政策 [J]. 国际经济评论，2024（3）：70–88.

［115］ 张展培，梁洁莹，刘小勇．生成式人工智能、就业变动与收入不平等 [J]. 南方经济，2024（8）：45–69.

［116］ 王林辉，钱圆圆，宋冬林，董直庆．机器人应用的岗位转换效应及就业敏感性群体特征——来自微观个体层面的经验证据 [J]. 经济研究，2023，58（7）：69–85.

［117］ 王永钦，董雯．中国劳动力市场结构变迁——基于任务偏向型技术进步的视角 [J]. 中国社会科学，2023（11）：45–64+205.

［118］ 孙文远，刘于山．人工智能对劳动力市场的影响机制研究 [J]. 华东经济管理，2023，37（03）：1–9.

［119］ 屈小博，吕佳宁．机器人、人工智能对中国劳动力市场的效应及异质性分析 [J]. 北京工业大学学报（社会科学版）（录用定稿），网络首发时间：2024–09–04 10:05:06.

［120］ 杜传忠，曹效喜，任俊慧．人工智能影响我国全要素生产率的机制与效应研究 [J]. 南开经济研究，2024（2）：3–24.

［121］ Bhaduri A, Marglin S. Unemployment and the Real Wage: the Economic Basis for Contesting Political Ideologies[J]. Cambridge Journal of Economics, 1990, 14 (4): 375–93.

［122］ Naastepad C W M. Technology, Demand and Distribution: A Cumulative Growth Model With An Application to the Dutch Productivity Growth Slowdown[J]. Cambridge Journal of Economics, 2006, 30 (3): 403–434.

［123］ 张龙鹏，张双志，胡燕娟．企业价值链智能化对全要素生产率的影响 [J]. 南方经济，2023（10）：94–111.

［124］ 王士香，孙嘉笛，刘备．工业智能化与城市经济增长：来自空间溢出与门槛效应的经验证据 [J]. 东南大学学报（哲学社会科学版），2023，25（6）：56–65，144.

［125］ 任英华，刘宇钊，李海彤．人工智能技术创新与企业全要素生产率 [J]. 经济管理，2023，45（9）：50–67.

［126］ 杨膨宇，贾静，郭可佳．工业机器人应用、资源错配矫正与经济持续增长 [J]. 财经科学，2024（5）：71–87.

［127］ 徐春华，曾繁毅．人工智能、劳资关系与劳动收入份额 [J]. 当代经济科

学（录用定稿），网络首发时间：2024-07-17 20:10:10.

[128] Bowles S, Boyer R. Wages, Aggregate Demand, and Employment in An Open Economy: An Empirical Investigation[A]. Epstein G, Gintis H(eds), Macroeconomic Policy after the Conservative Era: Studies in Investment, Saving and Finance. Cambridge: Cambridge University Press, 1995.

[129] Gordon D. Growth, Distribution, and the Rules of the Game: Social Structuralist Macro Foundations for A Democratic Economic Policy[A]. Epstein G A, Gintis H M(eds.), Macroeconomic Policy after the Conservative Era. Cambridge: Cambridge University Press,1995.

[130] Stockhammer E, Onaran Ö. Accumulation, Distribution and Employment: A Structural VAR Approach to A Post-Keynesian Macro Model[J]. Structural Change and Economic Dynamics, 2004, 15 (4): 421–447.

[131] Onaran Ö, Stockhammer E. Two Different Export-Oriented Growth Strategies: Accumulation and Distribution in Turkey and in South Korea[J]. Emerging Markets Finance and Trade, 2005, 41(1): 65–89.

[132] Naastepad C W M, Storm S. OECD Demand Regimes (1960–2000) [J]. Journal of Post Keynesian Economics, 2006, 29(2): 211–246.

[133] Hein E, Vogel L. Distribution and Growth Reconsidered –Empirical Results for Six OECD Countries[J]. Cambridge Journal of Economics, 2008, 32 (3): 479–511.

[134] Stockhammer E, Ederer S. Demand Effects of the Falling Wage Share in Austria[J]. Empirica, 2008, 35(5): 481–502.

[135] Wang P. Three Essays on Monetary Policy and Economic Growth in China[D]. Ottawa: University of Ottawa, 2009.

[136] Stockhammer E, Hein E, Grafl L. Globalization and the Effects of Changes in Functional Income Distribution on Aggregate Demand in Germany[J]. International Review of Applied Economics, 2011, 25 (1): 1–23.

[137] Jetin B, Kurt O E. Functional Income Distribution and Growth in Thailand: Single Equation Estimations Based on Bhaduri/Marglin Model[C]. Paper presented at the Annual Conference of the Research Network Macroeconomics and Macroeconomic Policies, Berlin, 2011.

[138] Onaran Ö, Galanis Giorgos. Is Aggregate Demand Wage-Led or Profit-Led? National and Global Effects[R]. Conditions of Work and Employment Working

Papers, ILO, 2012.

［139］ Yılmaz E. Wage or Profit–Led Growth? The Case of Turkey[J]. Journal of Economic issues, 2015, 49(3): 814–834.

［140］ Molero–Simarro R. Functional Distribution of Income and Economic Growth in the Chinese Economy, 1978—2007[J]. International Review of Applied Economics, 2015,29(4): 435–454.

［141］ Pesaran M H, Shin Y, Smith R J. Bounds Testing Approaches to the Analysis of Level Relationships[J]. Journal of Applied Econometrics, 2001, 16(3): 289–326.

［142］ 黄乾，魏下海．中国劳动收入比重下降的宏观经济效应——基于省级面板数据的实证分析 [J]. 财贸经济，2010（4）：121–127.

［143］ 刘盾，施祖麟，袁伦渠．利润拉动还是工资拉动？——对劳动收入份额影响经济增长的理论探讨与实证研究 [J]. 南开经济研究，2014（2）:3–29.

［144］ Hicks J. The Theory of Wages[M]. London：Macmillan, 1932.

［145］ Webb S. The Economic Theory of A Legal Minimum Wage[J]. Journal of Political Economy, 1912, 20 (10): 973–998.

［146］ Kennedy C. Induced Bias in Innovation and the Theory of Distribution[J]. The Economic Journal, 1964, 74(295):541–547.

［147］ Funk P. Induced Innovation Revisited[J]. Economica, 2002, 69(273) : 155–171.

［148］ Storm S, Naastepad C W M. Labor Market Regulation and Productivity Growth: Evidence for Twenty OECD Countries (1984—2004) [J]. Industrial Relations, 2009, 48 (4): 629–54.

［149］ Vergeer R, Kleinknecht A. The Impact of Labor Market Deregulation on Productivity: A Panel Data Analysis of 19 OECD Countries (1960—2004) [J]. Journal of Post Keynesian Economics, 2010, 33 (2): 371–408.

［150］ Hein E, Tarassow A. Distribution, Aggregate Demand and Productivity Growth: Theory and Empirical Results for Six OECD Countries Based on A Post–Kaleckian Model[J]. Cambridge Journal of Economics, 2010, 34 (4): 727–754.

［151］ Marquetti A. Do Rising Real Wages Increase the Rate of Labour–Saving Technical Change? Some Econometric Evidence[J]. Metroeconomica, 2004, 55 (4): 432–441.

[152] Storm S, Naastepad C W M. Wage-Led or Profit-Led Supply: Wages, Productivity and Investment[R]. Conditions of Work and Employment Working Papers, ILO, 2012.

[153] Verdoorn P J. Fattori che Regolano lo Sviluppo della Produttivita del Lavoro[J]. L' industria, 1949, 1: 3-10.

[154] Kaldor N. Causes of Growth and Stagnation in the World Economy (Raffaelle Mattioli Lectures) [M]. Cambridge：Cambridge University Press, 1996.

[155] Boyer R, Petit P. Kaldor's Growth Theories: Past, Present and Prospects for the Future[A]. Nell E J, Semmler W (eds), Nicholas Kaldor and Mainstream Economics: Confrontation or Convergence?. New York: St Martin's Press, 1991.

[156] Kaldor N. A Model of Economic Growth[J]. The Economic Journal, 1957, 67 (268): 591-624.

[157] 李平，宫旭红，张庆昌 . 工资上涨促进劳动生产率提升：存在性及门槛效应研究 [J]. 山东大学学报（哲学社会科学版），2011（3）：83-91.

[158] 王建华，李红涛 . 工资上涨对就业、物价及劳动生产率的动态影响——基于 PVAR 模型的实证分析 [J]. 云南财经大学学报，2013（1）：92-100.

[159] 宫旭红，曹云祥 . 资本深化与制造业部门劳动生产率的提升——基于工资上涨及政府投资的视角 [J]. 经济评论，2014（3）：51-63.

[160] 袁富华，张平，刘霞辉，楠玉 . 增长跨越：经济结构服务化、知识过程和效率模式重塑 [J]. 经济研究，2016（10）：12-26.

[161] 张车伟 . 中国劳动报酬份额变动与总体工资水平估算及分析 [J]. 经济学态，2012（9）：10-19.

[162] Zhou M H, Xiao W, Yao X G. Unbalanced Economic Growth and Uneven National Income Distribution: Evidence from China[R]. Institute for Research on Labor and Employment Working Paper, University of California, 2010.

[163] 魏下海，张沛康，杜宇洪 . 机器人如何重塑城市劳动力市场；移民工作任务的视角 [J]. 经济学动态，2020（10）：92-109.

[164] 朱火弟，叶润 . 人工智能发展对我国劳动力就业结构的影响——基于2006—2019 年省级面板数据的实证分析 [J]. 重庆理工大学学报（社会科学），2021（8）：59-70.

[165] 林正静，左连村 . 进口中间品质量与企业生产率：基于中国制造业企业的研究 [J]. 南方经济，2018（11）：27-46.

[166] 刘航，杨丹辉．高质量进口能带来成本节约效应吗 [J]. 中国工业经济，2020（10）：24–42.

[167] 芦婷婷，祝志勇．人工智能是否会降低劳动收入份额——基于固定效应模型和面板分位数模型的检验 [J]. 山西财经大学学报，2021（11）：29–41.

[168] 罗伟，刘晨，葛顺奇．外商直接投资的工资溢出和关联效应研究 [J]. 世界经济，2018，41（5）：147–172.